ぼくが子どものころ、ほしかった親になる。

从你的童年路过

一位父亲留给儿子的生命之书

[日]幡野广志 著　蒋丰 译

机械工业出版社
CHINA MACHINE PRESS

这是一本给父母和孩子的生命教育书。身患癌症的中年摄影师父亲，通过深刻地思考写出了他小时候想要成为的父亲的样子，以及想告诉父母们的重要养育信念，希望帮助家长们更好地把握养育的关键问题，让孩子成为温柔而独立的人，学会面对孤独，以及用正确的心态结交朋友，处理关于金钱、工作、梦想、病痛和死亡的问题，更希望这本书在未来能成为儿子在身处困境、迷失方向时的一座"灯塔"。

BOKU GA KODOMO NO KORO, HOSHIKATTA OYA NI NARU.
Copyright © 2018 by Hiroshi HATANO. All rights reserved. First original Japanese edition published by PHP Institute, Inc., Japan.
Simplified Chinese translation rights arranged with PHP Institute, Inc. through CA-Link International.

本书中文简体字版由机械工业出版社在中国大陆地区（不包括香港、澳门特别行政区及台湾地区）独家出版发行。未经出版者书面许可，不得以任何方式抄袭、复制或节录本书中的任何部分。

北京市版权局著作权合同登记　图字：01-2024-3539号。

图书在版编目（CIP）数据

从你的童年路过：一位父亲留给儿子的生命之书 /（日）幡野广志著；蒋丰译. -- 北京：机械工业出版社，2025.2. -- ISBN 978-7-111-77282-8

Ⅰ．G78

中国国家版本馆CIP数据核字第2025F5E949号

机械工业出版社（北京市百万庄大街22号　邮政编码100037）
策划编辑：丁　悦　　　　责任编辑：丁　悦
责任校对：郑　雪　张　薇　责任印制：常天培
北京联兴盛业印刷股份有限公司印刷
2025年5月第1版第1次印刷
145mm×210mm・5印张・3插页・75千字
标准书号：ISBN 978-7-111-77282-8
定价：59.80元

电话服务　　　　　　　　网络服务
客服电话：010-88361066　机 工 官 网：www.cmpbook.com
　　　　　010-88379833　机 工 官 博：weibo.com/cmp1952
　　　　　010-68326294　金 　书 　网：www.golden-book.com
封底无防伪标均为盗版　　机工教育服务网：www.cmpedu.com

引　言

　　在这个世界上，没有什么事情是一成不变的，也没有什么是绝对的。

　　也许，这个世界就是这样构成的，所有事物都处在不断地变化之中。

　　比如说，我虽然是一名专业的摄影师，但每次翻看自己过去拍的照片，总有一种羞愧的感觉。

　　拍照的当时，我肯定认为"这是最好的……"，才认真把它拍下来。但是，现在回过头来看，却对那个"最好"的标准感到失望，我的面庞会情不自禁地红起来。

　　当然，我对自己现在拍的照片，仍然相信是很好的，因此才会不断地举办个展，不时地邀请人们来欣赏。

我认为这些留存下来的照片是足够有价值的，因为我已经果断地淘汰了那些我觉得"不够好"的照片。

但是，即使是这些被我精心挑选出来的照片，几年后再回过头来看，依然会觉得有欠缺。

认真回想起来，其实摄影就像是体育运动，每天都在练习和精进，变化也是理所当然的了。

此外，即使我现在天天羞愧地面对过去的照片，我也无法回到过去重新拍摄了。

所以，我唯一能做的，就是继续拍出当下最好的照片。

话说回来，写文章也是如此。我现在认为自己在这里写下的内容是"现在的我"能够写出的最好内容，但我相信它不可能是永远的、最好的、具有魔法般的内容。

我想要传递的价值观，也不是永恒不变的。我认为对生活有用的一些智慧，也不可能是绝对的智慧。

尽管如此，这依然是我现在最好的状态和感悟。

作为一名35岁的摄影师，35岁的丈夫，35岁的父亲，此刻，是我的最佳状态了。

今年，我的儿子两岁了。

作为父母，应该有许多事情可以教给孩子吧。

作为父亲，更应该有许多事情可以教给儿子吧。

超越亲子关系，超越性别和年龄，我应该作为人类的一员，与人类的另一员分享智慧。

我应该可以传递我自己的最佳状态给他。

那最佳状态是每一个瞬间的最佳状态，是我的儿子每一个瞬间的成长。那柔软的脸颊渐渐地鼓起来，那跟跄的身体渐渐地站稳，开始走路，我的儿子在我们的眼前迅速地长大了。

因此，我希望能够在每一个阶段，对年幼的儿子，对少年的儿子，甚至对青春期的儿子，对青年的儿子，都可以传递我作为父亲的最佳状态。

在我们的日常生活中，我想让这种传递随着时间推移，不断更新我的最新、最佳状态。

但是，十分遗憾的是，这样的机会看来并不多了。

我在34岁的时候，被医生诊断出患有多发性骨髓瘤。这是一种癌症，脊椎上长了肿瘤，医生告诉我，我余下的生命，大约只有三年了。

被诊断出癌症的那晚，我想到了要留在这个世间的妻子和儿子。于是，我就哭了整整一个夜晚。

随后,我开始思考,我应该、能够留给儿子的是什么?

当因为癌症剧痛而难忍时,我想到过自杀,我甚至这样盘算过,"如果能够伪装出狩猎的事故,我可以用猎枪来结束自己的生命,我的妻子和孩子还可以拿到大约三千万日元的保险金吧"。

但是,当癌症的现实一点一点静静地渗透到我的内心时,我开始意识到,"我想留给儿子的,并不是钱"。因为钱是可以凭借自己的努力赚来的,我相信儿子未来可以靠自己的力量去赚钱。

于是,我决定写信给儿子。我感到,我想留给儿子的,是对他的未来可能有用的一些言语。

在这个世界上,能够用钱解决的事情,就让它用钱来解决吧。但是,毕竟还有一些不能用钱解决的事情,我希望能用我留下的言语,给生活在未来的儿子提供一些解决问题的线索。

强调一下,我希望留下的言语对儿子是有用的。

这些言语,在儿子未来成长过程中,应该能够起到像地图、指南针那样的作用。

未来,当儿子处于各种各样迷茫时刻,他可以回过头反问一句:"如果我父亲在的话,他会怎么解决呢?"

当然,我也有自知之明,知道自己的言语并不能像精准的手机地图或者导航那样,提供绝对准确的指引。

我不过是一个只活了 35 年的普通男人,我的人生指南不可能有 GPS 般的精确度。

另一方面,我也清楚地知道,如果我把自己的想法完全作为路标来引导儿子,只会妨碍他的生活。

所以,我留下的言语,应该如同他自己在海上航行时,远处隐约可见的一座灯塔。如果是那样,也就刚刚好了。

这样决定之后,我开始在网络上发布自己写下的言语。

我把想对儿子传递的事情,把我现在的一些状态,都写在了博客上。

当时,恰巧有位朋友家中遭遇火灾,包括珍贵的照片在内的一切东西都被烧毁了。这件事情让我意识到,"珍藏的信件随时有消失的危险,如果把文字保存在网络上,那管理起来就会更加安全"。于是,我就这样开始了。

出人意料的是,这些文字或者说是言语,在社会上引起了强烈的反响，我甚至不得不为它接受媒体的采访。

后来，我在社交媒体——推特上也开始陆续收到各种各样的咨询。

起初，我感到很困惑，因为这不是我的初衷。但是，我渐渐地想通了，我这样回答陌生人的咨询，或许也能找到儿子未来遇到的"困惑"的线索。

无论对方提出什么样的困惑，我都如同在回答儿子的问题一样，诚实地做出回应。

这样一来，前来咨询的人不断地增加。

这些前来咨询的人，并没有失去家人。但是，他们尽管有家人，有朋友，有同事，却不能对任何人倾诉，只能够把心事告诉一位陌生的癌症患者。

或许，比起身边的人，人们更愿意向远处、陌生的人展示自己的内心。

或许，言语有时需要一些距离，才能够更容易传递。

那么，我留给儿子的这些言语，与信件比起来，也更有距离感，这会不会更好呢？

如果我留给儿子的这些言语，也能对有相同困惑的人有所帮助，那将是我的莫大荣幸。

　　无论如何，人类需要言语。而我，现在正在努力地留下这些言语。

　　这本书，就是在我想要将言语留下并延续下去的想法中完成的。

　　人们说网络上会有一些"没有实体却强有力的言语"，我则想通过网络成就一本"有实体言语"的强有力的书。

　　因此，这本书是我写给儿子的信，也是写给你们的信。

2018 年夏

幡野广志

目 录

引言

关于温柔，我想向儿子传递的事情

002 名字是礼物和誓言

005 温柔的虐待

008 温柔是一种行为

014 温柔是力量

017 接纳的温柔

021 允许失败的温柔

025 连接生命

028 安心的温柔

031 儿子教会我的事情

069 自信的持有方法

066 与有趣对话

062 印度摄影师的教诲

059 推荐一个人的旅行

056 停止「想被理解」

053 如何发现「温柔的人」

050 如何逃离讨厌的人

045 与欺凌斗争的方法

042 自己的规则

039 「一百个朋友」的诅咒

036 「父母的恶智慧」是生存之道

关于孤独和朋友,我希望儿子学到的事情

关于梦想、工作与金钱，我想教给儿子的事情

074 梦想、工作与金钱的关系
077 拓宽世界与视野
081 「喜欢的工作」陷阱
084 生计、工作与金钱
087 必要的事情与障碍
092 无知是罪
095 18岁拥有100万日元
099 金钱的教育
104 金钱是信用
107 工作、爱好⇆自己

112 病是镜子
116 生命的经验
120 「谢谢您的款待」
123 如何与癌症患者相处
126 在森林里与想自杀的人喝咖啡
129 越南与生命的光辉
132 幸福的定义
138 以父为傲

140 结束语
143 译者后记

关于生与死，总有一天想和儿子谈的话题

温柔的人是能够理解别人身体和心灵痛苦的人。

如果能理解,温柔的人就不会给出不负责任的建议。

能够考虑对方的感受,并以自己能做到的方法伸出援手的人,才是我认为真正温柔的人。

单单施以自己认为的温柔,是不够的。

关于温柔,我想向儿子传递的事情

名字是礼物和誓言

　　大家都喜欢温柔的人，我也是这样的。

　　如果有人问："你喜欢什么样的人？"我想，无论是男人还是女人，十有八九都会回答"喜欢温柔的人"。

　　被温柔对待，无论是谁都会感到高兴；而对别人温柔，也会让别人感到高兴。

　　温柔，就像镜子一样，交相辉映着彼此的温柔。

　　因为喜欢温柔的人，所以我和一个温柔的女人结婚了。

　　我的妻子是我所认识的人中最温柔的一位。因此，我给儿子取名为"优"（"优"这个字，在日语里面有"温柔""和蔼"的意思）。这是我一直想要取的名字。当儿子出生，需要取名字的时候，我给妻子提出了三个候选名字。

第一个选择是"优"。另外两个选择这里就不说了,因为它们和我家猫的名字一样——就叫它们"珠珠"和"咪咪"吧。

我温柔的妻子喜欢猫(我也非常喜欢猫),但她大概不愿意让儿子和猫有相同的名字。或许是因为她的温柔,想避免猫和儿子之间的混乱。

于是,我的儿子就叫"优"了。

父母都是怀着自己的愿望,为孩子取名字的。我和妻子希望儿子能成为一个温柔的人。但是,孩子是不会因为仅仅取了这个名字就主动自觉地成长为温柔的人。如果希望孩子成为温柔的人,父母必须努力去培养他。孩子的温柔是需要培养的。

那么,如何才能够培养出来一个温柔的孩子呢?从小就带他去做志愿者?和他一起养宠物?或者教他对朋友和老人都要温柔?我觉得这些方法都不完全对,当然也不完全错。

我认为,要想培养出一个温柔的孩子,父母自己必须首先成为一个温柔的人,并且一直保持温柔。所以,

"优"这个名字不仅是给儿子的礼物,也是我和妻子作为父母的誓言:"我们要成为温柔的人。"

我希望儿子未来也能懂得这个道理。如果想要和温柔的人在一起,自己也必须变得温柔。

温柔是一种行为

儿子出生前不久，我曾有一段时间用另一个名字工作。我自称"幡野优"，而不是现在的"幡野广志"。作为一名摄影师，大多数时候，我都是和"初次见面"的人在一起工作。因此，正式开始工作之前的邮件交流属名，我就用"幡野优"这个名字。我甚至还为此印制过名片，每次和客户及工作人员准备进入拍摄现场时，我都会向他们介绍："我是摄影师幡野优，请多关照。"

有几次，人们对我说："在邮件交流时，我以为你是一位女性呢。"但这完全没有影响，因为"优"这个名字实在是既适用于男性也适用于女性，书写起来也很简单，没有任何的不方便。这让我更坚定了给孩子取名为"优"的决心。

过去，我认识一个人，虽然是男性，但他的名字怎么看都像女性名。我们一直通过邮件联系，第一次见面时，出现在眼前的是一位和我想象完全不一样的中年大叔。于是，我们聊起了名字的话题。他感到十分厌倦地说："从小到大，我已经说了几百次这个名字的故事。"从那时起，我决定，将来给自己孩子取名字的时候，一定要自己先试用一个阶段，看看有没有什么不方便。就这样，我决定用"优"这个名字先在我身上试用一下。

听到这个故事后，有人可能会感到很惊讶，"你为了自己孩子的名字，竟然做到这个地步？"甚至会觉得我这个人有点怪怪的。但是，认真想一想，我们为人父母一时给孩子取的名字，孩子未来却要长时间使用，使用频率是非常高的。爱自己的孩子，父母把孩子的名字试用两三个月，那根本不算什么。如果是男孩子，他的名字父亲就可以先试用；如果是女孩子，她的名字母亲就可以先试用。我们外出预约餐厅或者美容院的时候，都可以使用孩子的名字。

对如何才是"漂亮好看的名字"，世间有很多争议。有的名字中的汉字是只有通过了"汉字检定一级考试"的人才能够读写出来，有的名字在每次需要填写表格时都被询问汉字发音的读法，或是有的名字是"山田玛丽安娜小姐"。这些名字只要自己不在乎周围惊讶的眼光，那么经过试用后，继续用这样名字，也是没有关系的。

说实话，我一直不喜欢"幡野"这个姓，因为读音和文字不容易联系在一起。姓氏是传承的，无法改变，但父母可以为孩子选择名字，我希望选择一个没有麻烦的名字给孩子。这完全是我个人的想法。

其实，不仅限于名字。即使认为赠送"对这人好"的东西，是否真的好，也是无法确切知道的。但是试用一下，用时间和精力亲自去验证后，觉得"好"的东西，准确率会更高一些。不仅要思考，还要行动，更要进行验证。我认为这也是为人父母温柔的一部分。

温柔的虐待

儿子有时会把自己的玩具分给幼儿园的小朋友,有时候也会把自己的糖果分给来我们家的客人。每当这个时候,儿子总是笑容满面且爽快地说:"给!"然后,活泼可爱地把东西递了过去。我想,他一定是看到我们夫妻在送东西给别人时,自己和对方都是很高兴的。于是,儿子就模仿了父母的行为。

儿子不会因为送出自己的玩具或者糖果而感到吃亏或生气,反而因为看到对方开心而自己感受到快乐。看到儿子努力让别人开心的样子,我和妻子也非常高兴,脸上情不自禁地露出笑容。

想着给别人做些什么,这是一种温柔。但是,成年以后这反而变得不那么容易做了。自从我被诊断出患有癌症后,深刻地体会到了这一点。

随着癌症晚期的消息传开,许多"温柔的手"向我伸来。

"无论如何一定要好好休息,接受最新的治疗,我们都希望你多活一天是一天。"

亲人的温柔大多是这样的。其实,在医院的治疗是非常痛苦的,甚至让我感到剩余的日子只能躺在病床上度过了。但是,他们却认为"活得更久一些"才是最重要的。

虽然我理解他们的殷切关心,但我并不想过那种每天躺在病床上盯着天花板度日如年的日子,并不想就这样痛苦地延长自己的寿命。

"试试这个治疗方法吧。"
"这个药好像很有效。"
"有一个很厉害的气功大师,一定要见见。"

面对朋友和熟人伸出的"温柔的手",面对他们提出的各种各样的建议,我可以充分地感受到他们的善意,但回应起来则感觉非常棘手。

我感到困扰。当我在博客上写下自己关于癌症的状态时,"温柔的手"迅速地增加了。

"用奇迹之水可以治愈癌症。"
"用××治疗可以调整'气',癌细胞就会消失。"

真不知道他们是怎么查到我个人的电话号码的,各种疗法、替代疗法的建议纷沓而至,甚至还有接连不断的来自圣地和宗教机构的推销电话和短信。

网络世界有时会从一个极端走向另一个极端。

谁如果忽视这些"善意的建议",谁立刻就会被视为一个"狂妄的患者",就会变成"恶人"。我猜想自己去世以后,妻子和儿子可能会遭受诸如"如果当初做了××,或许他就活下来了"这样充满埋怨和嗔怪的网络暴力。

每天大量涌来的这些怪异推销和慰问电话让我不堪其扰。最终,我毅然与电话公司解约了自己使用已经超过 10 年的电话号码。作为一个自由摄影师,被迫解约自己的电话号码,这实在是一件悲哀的事情。但是,想想当我收到"用这个壶喝水,就能治愈癌症"的信息时,笑得六块腹肌都出来了,从某种意义上说,电话解约对我也算是一个好的结果。

我希望能像其他癌症患者一样变得瘦一点，以便更好地与余命进行博弈。而且，我秀出的六块腹肌，能够引来护士们兴奋的尖叫，这也是不错的。

然而，这些所谓的温柔大多是一种虐待。我得出的结论是，无依据的治疗建议是一种"温柔的虐待"。

大多数被诊断出癌症的人都无法接受现实，因此他们会想方设法逃避现实，有的对家人和医护人员发怒，然后陷入自责，有的甚至否定自己存在的价值。

据我调查，癌症患者患抑郁症和适应障碍症的概率是健康人的两倍，自杀率是健康人的24倍。在医院里的自杀者中，有一半是癌症患者。

癌症不仅侵蚀身体，也侵蚀心灵。

癌症患者大多是老年人。当他们陷入绝望，哪怕是一根稻草也想抓住的时候，如果有人递上"奇迹之水"，他们很有可能会接过来大口大口地喝下去。

表面上看这是温柔的行为，但如果这样做的结果是让对方更加痛苦，那就是一种残忍的虐待。

也就是说，这是一种"温柔的虐待"。

前列腺癌的五年生存率是97.5%。

胰腺癌的五年生存率是7.9%。

癌症有很多种，同样的治疗方法未必对每种癌症都有效。

虽然我收到过很多"我通过这种治疗治愈了"或"被诊断余命三个月但已经活了十年"的信息，在此我只能说"那真的是太好了"。奇迹般的成功治疗案例固然令人赞叹，但其背后一定有很多遗属不愿回忆的失败案例。

只展现美好的一面，只给予希望是很危险的。当人们发现希望破灭时，绝望也就随之而来。

日本每两个人中就有一个人身患癌症，每三个人中就有一个人死于癌症。

活着的人总会遇到癌症患者，这是很正常的事情。

在这种情况下，请不要给出"温柔的虐待"。

像泡方便面一样轻易给出建议是不好的。

确实，癌症的标准治疗和医疗体系有问题。医生有时会对患者施行自己不愿接受的治疗。但是，这些患者是不愿意接受民间疗法的。至少，医护人员作为专业人士，是在承担着风险进行治疗的。

但是，轻易给出民间治疗建议的人，能对此负责吗？他们真的比医护人员更了解癌症吗？

"如果你知道很好的治疗方法，请不要轻易给出建议,而是留到自己患癌时再试。请停止不负责任的建议。"

当我在网上发表这样的言论时,我收到了很多与我有同样困扰的患者、家属以及遗属的来信。

让儿子理解什么是"温柔的虐待",可能还需要一些时间。但从现在开始,我已经在慢慢教他:

——温柔的人是能够理解别人身体和心灵痛苦的人。

——如果能理解,温柔的人就不会给出不负责任的建议。

——"如果不能理解,就从想象开始。"我也想教儿子:"如果对方不高兴的事,即使你认为'他应该会高兴',也不要去做。即使自己非常喜欢这个糖果,但对方也可能是不喜欢的。"

——能够考虑对方的感受,并以自己能做到的方法伸出援手的人,才是我认为真正温柔的人。

——单单施以自己认为的温柔,是不够的。

温柔是力量

我遇到过很多人。一些我认为值得尊敬的人，都是既强大又温柔的人。他们不仅温柔，还很强大，同时也很严厉。

然而，世界上也有一些人，他们对别人的失败感到高兴，并加以打击。看到有人失败以后再也站不起来，他们就放心了，有的还会继续打击，仿佛从今以后"可以正大光明地欺负他"。

有些人会在他人成为"落水狗"时还在痛打他，虽然这些人看起来很强大，但实际上很软弱，并且毫无温柔可言。

有些人喜欢使用"自己的责任"或"自作自受"等严厉的言辞，不愿意帮助处在困境中的人。但是，他们自己真的是绝对强大、完美无缺的人吗？如果发生了什么事情，那就一定是"自己的"责任吗？

即使再强大的人也会碰到失败。
即使再聪明的人也可能遭遇意外。
即使什么坏事都没做的人也有可能患上重病。

或许那些冷酷的人，自己也曾被周围的人冷酷地对待过。他们误解了"不要给别人添麻烦"这句话。因此，我决定对儿子要无限的温柔。并教会他，承认自己的软弱，学会寻求帮助。

"如果身体或心灵受伤，遇到困境，就要立刻寻求帮助。"

这样，他才能注意到困境中的人，体谅那些痛苦的人，并思考自己能为他们做些什么。

为他人着想并付诸行动，这是温柔，但却是一件非常难以做到的事情。

我的摄影师父就是这样一位温柔的人。有人看到我这样说，就会反问："他还算是一个温柔的人？"由此可见我师父的严厉。确实，由于他的严格和严厉，历届徒弟当中都有不少放弃的。

虽然师父会因为我的失误和不足而大声地进行斥责，但斥责之后他会教我方法。教我在那个时候需要的技术，既高效又准确。

有些人会因为性格不好、发泄情绪、迁怒于人或为了展示自己的威严而大声斥责，但我的师父不是这样的。

他能看出"现在这个人需要什么"，并且给予正确的指导。

而当我做得好时，师父还会由衷地表扬我。

正因为如此，我在技术上才有了长足的进步。

自己在失败的时候，可以去寻求帮助；看到别人失败的时候，不要去责备他们。

只是在旁边微笑着说"没关系，没关系，没事的"，并不是真正的温柔。

==赞美优点，批评缺点，然后教会他们如何改正缺点。==虽然简单，但能做到的人很少。这是我在养育儿子时牢记的事情，也希望儿子能掌握这一点。

接纳的温柔

到山中狩猎,去青木原的树海,一个人去其他国家旅行。

这些都是我还想做的事情。但现在作为一个还有三年余命的癌症患者来说,这些事情看起来并不适合做了。

"专心治疗比较好。"亲戚和母亲齐声反对道。唉,这也是正常的反应。

在这种情况下,唯一一个说"你想做什么就去做吧"的人,是一直以来最了解我身体状况、比谁都知道病情严峻程度的我的妻子。

无论是恋爱的时候,还是结婚以后,以及儿子出生后,我一直都是按照自己的意愿生活的。"我想去国境周边的小岛拍照",有了这个想法,我可以抬腿就走。为了狩猎,我可以在深山里连续待上几天,自由自在。世上有很多女性都不能饶恕、无法容忍丈夫或伴侣的随意行为。所以，我很幸运能和这样与众不同的女性结婚。

人在健康时和生病时对待出行这件事是完全不同的。生病后，大多数人会说"与其出去玩，不如去医院"。

而我的妻子始终坚持"你可以做你喜欢的事，想做什么就做什么"，这让我对她生出了一种尊敬之情。

虽然我与一个温柔的人结婚了，虽然我拥有一个温柔的师父，但我不可能只和这两个人交往。我也曾有一段时间被讨厌的人包围着，自己也变成了一个让人讨厌的人。

在作为自由职业者工作了几年后，我接了一份在小城市长时间工作的邀请，需要在那里的商务酒店住上一个月。那时，我已经结婚了，所以这是一次短暂的单身赴任。

摄影行业被称为"黑色行业"，工作时间长，体力消耗大，职场霸凌司空见惯。因此，自由职业者有时一个星期的收入可以相当于上班族一个月的薪水。当然，从早到晚工作也是常事，按小时计算的话可能并不高。

离家工作，每天在狭窄的酒店房间和拍摄现场之间往返，一定会感到闭塞。

客户要求在一个月内完成本需要两个月的工作，这让人感到非常紧张。

在这种令人焦虑的氛围中，充满了互相拖后腿的现象。大喊大叫只是为了发泄或显示自己的力量。没有人能够容忍别人的错误，也没有人称赞别人。

偶尔出去喝酒，话题总是围绕工作上的抱怨或陈年往事的吹嘘。

最初，我觉得"这太糟糕了"，但很快就适应了这种环境，自己也变成了一个让人讨厌的人。与温柔的人在一起会变得温柔，但与讨厌的人在一起就会变得让人讨厌。

每次给在东京的妻子打电话，我都会把烦躁情绪发泄出来。在聊天中发怒，或者用尖刻的话语发泄不满。我打电话给自己最重要、最亲近的人，却以最糟糕的方式倾诉怨言。这样对待家人，把他们当作自己情绪的垃圾桶，这样的工作到底有什么意义？

对家人是可以展示脆弱的，但这并不意味着什么都可以被原谅。

我越来越清楚地意识到自己变得越来越糟。于是，我停止了打电话，开始给妻子写信。我知道写信就不会出现大喊大叫的问题。

从周一到周六，很少的睡眠时间，工作结束后已经疲惫不堪了。唯一的休息日是星期天。

星期日，睡个懒觉，吃午饭，漫不经心地度过一天，然后在傍晚的时候给妻子写信。写三四页信纸，并附上当天拍摄的照片。我已经不记得写了什么，但应该不再是工作上的抱怨或发泄了。

妻子也回信了。她显然意识到我变了，也因此有些担心。信中写了一些关切的话，但没有批评或建议。妻子的信结尾总是写着："回来后，我们一起玩吧。"

身患癌症以后，我决定一个人去越南时，妻子在机场又给了我一封信。信封鼓鼓的。到达目的地后打开信，看到里面写了对我的各种关切，结尾仍然是"回来后，咱们一家三口一起玩吧。"信封鼓鼓的，是因为里面放了护身符和儿子抽到的未开封的签。我心里嘀咕："如果是大凶，对旅程不利怎么办？"年轻时开车长途旅行时，我在京都清水寺抽到"大凶"的签，至今记忆犹新。我多次和妻子提起这件事。也许我应该告诉儿子，"你妈妈有点天然呆。"

允许失败的温柔

自从开始在网上回应人生咨询后,我发现许多人都正在为"找不到自己想做的事"而烦恼。

为了了解原因,我询问了他们,发现很多人的回答是:"父母替我做了所有决定。"

有些人自幼从选择学校、选择职业这样的大事,到社团活动、兴趣班、着装,甚至"在餐馆吃什么"这样的小事,都是由父母决定的。

显然,这样的父母不想让自己的孩子经历失败。他们希望孩子走上没有错误的最佳道路。这种心态让我想到在超市经常看到的父母对孩子命令的场景:"不要挑那个,选这个!"

看到这些父母在和孩子选择零食的时候,都会否定孩子的选择,强行通过自己的意志控制孩子的选择,我就知道他们的意志最终会延伸至孩子在餐馆的菜单、身上的衣服、学校的选择、社团的活动、交友乃至未来选择恋人等方面。

这样的父母很可能会将自己的"正确选择"强加给孩子的就业和婚姻。

等到父母后来觉得"孩子已经成人了,应该让他们自己选择"的时候,孩子可能因为过往没有在小事上选择的经验,就会因为害怕失败而无法做出决定。在"我想做什么"之前,他们会先想"如果我自己选择而失败了怎么办",因此会害怕自己做选择。

这样一来,日后就会成为"找不到自己想做的事"的人。

我的儿子已经两岁了,他开始走路,开始有了自我意识。我决定尽可能让他自己选择。当然,不是突然让他选择"你想上哪个幼儿园?"

在超市买零食时,在餐馆点餐时,我会耐心地等待儿子做出自己的选择。规则是,一定要接受孩子的选择,绝不强加自己的意见。

这些事情,看似微小,但我认为是很重要的。

可能有父母会说这是理想主义。我也理解那些说

"不要选那个，就选这个"的父母的心情。

孩子可能会选择一些不能吃的东西，也可能会选择一些价格比较贵的东西。

还有一个问题，就是父母经常没有时间。急匆匆下班就要去接孩子，回家后还要做饭、洗澡、两次使用洗衣机，有的还要稍微收拾一下室内卫生，日程非常紧张的家长，很难一直陪着孩子在超市的零食柜前纠结。

"在有限的时间内，选择合适的东西"，这是成年人世界里合理的事情。我们在做选择时总是被这种合理性束缚，忘记了自己"喜欢这个"。

陪伴孩子度过短暂的童年，享受这种自由，这也是一种爱。

忙碌的家长没有时间。我因患癌症而工作大幅减少，虽然现在白天有了很多时间，但剩下的人生时间却不多了。也就是说，大家的时间都是有限的。即便如此，把自己的时间奉献给孩子，这应该也是父母的温柔。

即使觉得"有点贵"，超市的一份零食也不过500日元左右。因为孩子并不是每天都会购买零食，所以买给他，也是没有问题的。

孩子有着大人无法理解的独特选择标准。他们有的时候并不是因为这个零食味道好而喜欢它,反而是因为包装设计、手感、摇晃时的声音等而喜欢上它。

我的儿子喜欢"土豆棒"。他喜欢摇晃时发出的声音。我珍惜他倾听"土豆棒"音色的感受和被色彩鲜艳的薯片包装吸引的心情。

孩子有的时候会做出一些非理性的选择,他们可能会选择幼儿不宜吃的辣味零食。对此,我都不会阻止。

即使知道孩子"放进嘴里马上就会吐出来",我也会让他吃的。虽然我会注意防止过敏,但也愿意让孩子体验这种辛辣带来的痛苦和哭泣。

孩子在经历过失败以后,才会有再次选择的经验。这会促使儿子成长,可以把他培养成一个未来"知道自己想做什么的人"。

如果我剥夺了他失败的机会,儿子可能会变成一个不敢尝试的孩子。

不让孩子失败,父母提前决定孩子"应该这样做",也是一种"温柔的虐待"。

接纳孩子的选择,不强加父母的价值观,这才是温柔。

连接生命

说实话，我觉得自己很擅长和孩子打交道。

附近有一个公立的游乐场，每次带儿子去玩的时候，总有其他的孩子跑过来找我们一起玩。管理游乐场的人甚至问我："你是保育员吗？你真会照顾孩子。"

其实，我曾经并不喜欢孩子，觉得他们没有礼貌。结婚后，妻子一直说想要孩子，但我总是回答"不想要"。

有一段时间，我在研究明治到昭和时期日本东北地区的历史，渐渐地，心态发生了变化。我了解到那些在饥荒中饿死的男孩，了解了那些为了父母的生计而被卖到妓院的女孩。

了解得越多，我越是感受到那些被卖掉的女孩过着多么凄惨的生活。我所采访的对象大都是那些"女孩"的后代。也就是说，即使是那些被卖掉并被迫卖淫的女性,仍然决定生下孩子。

大约在同一时期,我读到了一篇关于叙利亚的文章,自2011年以来,虽然内战不断,但叙利亚的出生率仍然上升了。我感到很奇怪。

一百年前出生在日本东北地区的女孩,在艰难的生活中生下了孩子。

在持续内战的叙利亚,人们仍然生育孩子。

战后日本粮食短缺的时期,却出现了"婴儿潮"。

"为什么在显然很艰难的时期,人们还会生孩子呢?"

我不明白,所以进行了深入的研究。结果发现,"正因为艰难,人们才会生孩子,以连接和传递生命"。

如今社会的"少子化"现象,或许正是日本社会安定的一种结果。

"生孩子是唯一的传递生命的方式吗?"世间有这样的疑问。即使想要孩子却无法生育的人也很多。然而,现实是,我之所以能活在这个世界上,是因为我的父母、祖父母、曾祖父母、曾曾祖父母等前辈的存在。在经历了饥荒、战争和疾病的时代,在生命如同废纸般轻贱的时代里,仍有一些人传递了生命。

这一显而易见的事实突然以巨大的影响力呈现在我

面前。

而我生活在安全的日本，结了婚，伴侣也想要孩子，并且我们有足够的钱来养育孩子。即便如此，因为"讨厌孩子"而不做父亲，这是不对的。

于是，我决定要个孩子。

因为我自己是在3月出生的，成长较慢，吃了不少苦，所以不想让孩子也经历同样的过程。于是，我和妻子商量，希望孩子能在4月到6月之间出生。幸运的是，怀孕和生育的计划都顺利进行，2016年6月16日，儿子出生，我成为父亲。

从传递生命的根本来看，育儿的最大目的就是"养育孩子而不让他们夭折"。

安心的温柔

我和妻子在一起的五年间,是我们成长为父母的重要时间段。20多岁的我们,看待世界的视角很狭窄,知识也很有限,如果没有那五年的时间,我养育的孩子在看待世界时的视角也会变得狭窄且缺乏见识。

现在,通过养育儿子,我和妻子都在成长。儿子带来了简单却充实的生活。

儿子的到来,让我们的人生变得更加丰富多彩,也加深了我们对自己和彼此的理解。

因为,如何对待比自己弱小的人,能看出一个人到底是什么样的人。对待孩子这个"比自己弱小很多的人",也决定了我和妻子是怎样的人。

为了避免犯错,不强加自己的意见,谨慎地度过每一天。

我和妻子在育儿方面做了一些决定。

首先是无论什么都要赞美。只要儿子能把饭顺利放进嘴里，我们两人就会说："你真棒！"如果吃完了，我们就会发自内心地说："优君真厉害！"

虽然儿子也会把饭洒出来、掉东西、弄得一团糟，有许多失败的事情，但我们绝不会生气。因为让儿子感受到我们的不满情绪是毫无意义的，终究有一天，他会做得很好。

通过赞美，儿子的"自我肯定感"会逐渐成长。自我肯定感会带来自信，自信应该是儿子在生活中的重要支柱。

当然，有时也会进行批评，让他明白事理。赞美和批评，把二者结合起来，才能够真正显示出父母的温柔。

当儿子发脾气扔东西时，我会批评他；当儿子说不出话时动手打人，我也会批评他。儿子在幼儿园里个头比较大，我们不希望他变成欺负人的孩子。我写这本小册子的时候，儿子正处在一个被称为"魔鬼般2岁"的阶段。

我和妻子约定："不要两个人一起批评儿子。"

当一方批评时，另一方要给予安慰。如果是父母一起批评孩子，孩子就无处可逃了。在家中，一般是我负责进行批评，妻子负责"好啦、好啦"地安慰。

对孩子进行批评以及发脾气的事情，世间存在各种不同的观点。现在，有很多"好像朋友一样"的父子关系，亲子关系比我们小时候要亲密了许多。

我认为亲子关系良好是好事，父母不必过于专制。但亲子关系和朋友关系的根本区别在于"是否值得依赖"。

要成为值得依赖的父母，就必须成为孩子可以依靠的人。如果没有这种力量，至少要成为孩子最大的支持者。这能带给孩子安全感，而安全感是自信的土壤。

我希望把很多自信作为礼物送给儿子，即使他将来会比别人更早地失去父亲。

儿子教会我的事情

每天打扫卫生时,儿子会模仿我打扫。每天拍照时,儿子也会模仿我拍照。

无论他做什么,我都会夸奖他:"真厉害!""做得很好!"于是,儿子开心地继续做。

"孩子是父母的镜子"这句话是真的。

有一天,我们坐公交车时,我看到一位母亲在下车时催促孩子向司机道谢。那孩子大概是上幼儿园的年龄。

"过来!怎么说谢谢?"

母亲好像发火一样,语气有些严厉,仿佛在责备孩子。虽然"谢谢"是温柔的话语,但母亲以一种传授规则的方式教给孩子,让我感到有些不对劲。

其实,根本不用提示,母亲只要每天对公交车司机或便利店店员微笑着说"谢谢",孩子自然会模仿。父母总是急于教孩子很多东西,但实际上,孩子也在悄悄地教会父母很多道理。

我的儿子教会了我一些我一直不明白的事情。

比如说,"什么是好照片",这是作为摄影师的我一直在思考的大问题。我从18岁开始随意拍照,在学校学习摄影,遇到师父,一边工作一边思索。

我拍过很多普通的、艰苦的,甚至不情愿的工作照片。也拍过很多没有报酬但内心深处想要拍的照片。我拍过得奖的照片,也拍过羞于再看的糟糕照片。

尽管如此,我一直没有找到"好照片"的答案。

得知自己身患癌症以后,我希望去世多年后,儿子看照片时能感受到"父亲是爱着我的"。于是,我带着这个愿望拍照。我希望把现在的心情传达给儿子。为了这个目的,我每天拍照。

儿子笑起来的样子很可爱,全神贯注看《托马斯小火车》绘本的侧脸很可爱,第一次去温泉穿浴衣的样子也很可爱。不论他做什么,我都觉得非常可爱。

一直以来,我都在思考"什么是好照片",而儿子已经把答案告诉我了。所谓的"好照片"就是能够准确传达拍摄者情感的照片。我终于明白了这个道理。

虽然感悟得有些晚,但我还能按下快门,所以并不算太迟。

34岁患癌也许太早,但如果这就是我的命运,那么成为摄影师的生活也许也是命运的一部分。

也许我选择拍照的人生,是为了向儿子传递我的心情。

也许我一直在学习摄影,也就是为了这一天。

现在,我依然拍照,儿子脸上仍然洋溢着笑容,伸手模仿我。虽然他把相机弄得都是口水,让人感到有点麻烦,但我打算不久以后就和妻子一起,专门买一部儿童相机送给他。

长大后，我明白了。也许学校就是学习『不合理』的地方。社会在某些方面本就是『不合理』的，如果在不明白这一点的情况下长大成人，就有可能被『不合理』击倒。所以，我坚持让儿子上学，是有两个原因的：

第一，是让他经历与年龄相符的事情。

第二，是像打预防针一样，让他对不合理的事情具有免疫力。

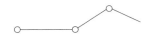

关于孤独和朋友,
我希望儿子学到的事情

"父母的恶智慧"是生存之道

学校是学习"不合理"的地方。父母的"恶智慧"是生存之道。

我在小时候,内心也对学校有各种各样的不理解。

比如,打架以后,老师会说:"你们握手和好吧。"我就感到不可思议。在双方都有不满意并不能够接受对方的时候,靠握一下手就把关系恢复了,那是不可能的。

还有那种谁长谁幼的"学校等级制度",也是令人感到不可思议的。那个标准看起来是非常随意的,也不知道是谁制定的,但却是一个必须遵守的规则。

老师强加过来的一些规则也令人感到奇怪,什么"因为自动铅笔太危险,所以禁止使用",什么"上课不能用计算器",等等。

大人使用起来感到方便的东西，孩子当然应该也可以使用。现在，学校也许仍然在禁止使用手机。但是，只要看看街头行走的奶奶们都在"低着头看手机"，就可以知道这种十分方便的工具已经深深地渗透到成年人的生活之中，在这样的背景下，比起禁止孩子使用手机，教会他们自律地使用手机的方法不是更好吗？

无论怎么调整班级，总会有欺凌的现象。老师会针对社团活动和集体生活做出各种各样的指示，很多时候是自相矛盾，令人无法理解的。

真的，学校里面充满了各种令人不能理解之处。

长大后，我明白了。也许学校就是学习"不合理"的地方。

社会在某些方面本就是"不合理"的，如果在不明白这一点的情况下长大成人，就有可能被"不合理"击倒。所以，我坚持让儿子上学，是有两个原因的：

第一，是让他经历与年龄相符的事情。

第二，是像打预防针一样，让他对不合理的事情具有免疫力。

除此之外，我对学校没有任何期待。

比如，我几乎不会写汉字，但却能够用电脑写文章。我不用那样拼命地背诵历史年代表，因为有手机可以查阅就足够了。虽然说"现在是全球化时代，必须学好英语"，但自动翻译机越来越先进，谁都可以使用多种语言。英语只是工具，重要的是用它说什么。光学会用铅笔，是写不出好文章的；光会用相机，也是拍不出好照片的。

但是，现在的学校只传授技术和知识，却不教授创造性的部分，比如说什么、拍什么、写什么。如果仅仅是为了记住这些知识的话，去补习班就足够了。

这么说来，结论就来了，学校毕竟是一个能学到"不合理"的地方。

学校也许是传授道德标准或学习"与大家友好相处"的地方。但是作为父亲，我更想传授给他更为现实的"生存智慧"。

坏人传授的"恶智慧"是真正的恶智慧，但父母传授的"恶智慧"则是生存之道。

"生存的恶智慧"对孩子的人生更有用。

适度的"不合理"是预防针，但过度的"不合理"会毁了一个人。

"一百个朋友"的诅咒

小时候,我觉得有一首歌曲很奇怪:

"成为一年级学生后,成为一年级学生后,能交到一百个朋友吗"(《成为一年级学生后》,作词:石田道雄)。

即便在同一个班级里,我也无法和所有人都成为朋友,更不用说交到一百个朋友了。如今长大成人了,我交往的人已经超过一百个,但称得上朋友的却不到一百人。

为什么大人自己做不到的事,却要理所当然地强加给孩子呢?人与人之间存在缘分,朋友不是想交就能交到的。"和谁都要好好相处",这种不合理的话语会给孩子带来压力,甚至让他们痛苦。

交朋友是一件很重要的事，但"朋友越多越好"这种说法本身就很可疑。

我觉得，朋友的数量并不重要。

初中、高中时每天见面的朋友，现在几乎都不再见面了。我在摄影学校的朋友也是如此。随着我的成长和作品的发表，不同时期总会结识新的朋友和人脉。也就是说，朋友是会不断增加或减少的。

像发小那样拥有几十年友谊的朋友当然很珍贵，"说什么我们从幼儿园到60岁都是朋友"，这都是理想的结果论。没有必要为了"朋友"这个名义，强求和那些渐行渐远或本来就无缘、性格不合的人继续保持关系。

在我获得被视为"鲤鱼跳龙门"的新人摄影师"尼康YOUNG21"大奖后，许多媒体都在短时间内对我进行了报道。其后，我花费了5年的时间，拍摄了名为《海上遗迹》的系列作品。

这当然让我很高兴，但同时我也在网络上遭到了中伤。有人告诉我，"有人在网上说你的坏话"。我去看了看留言，发现有人写道"这个叫广志的人啊！"看到这句话时，我立刻意识到"这一定是朋友圈内的人写的"。

因为只有朋友或家人才会叫我"广志",陌生人通常只会写"幡野广志"。

获奖并不完全就是好事,有朋友也不完全就是好事。

我感觉奖项也好,朋友也好,有时都显得那么无聊。

朋友并不是绝对的支持者,他们会根据情况和立场发生态度的变化。

我虽然不打算告诉儿子"不要信任任何人",但也不希望他被"朋友很重要""有伙伴很了不起"这些漂亮的话束缚,从而进行无意义的交往。

我希望儿子不要因为害怕孤独而依附于自己不喜欢的朋友。如果他只有一个朋友,可能就会依附于那个人。所以,最好是广泛结交不同的人。重要的前提是,希望他不要害怕孤独。

自己的规则

2018年的春天,我举办了名为"谢谢您的款待"的摄影展,展览会场放了2000张杯垫,请来访者写下感想。我把这些杯垫全部带回了家,厚厚的一叠,颇为震撼。

除了对作品的感想以外,那上面还写满了各种各样的留言。其中有一张是我的一位中学同学写的。他是我自从毕业后就没再见过的人。

那时候,他曾经一度拒绝上学,即使再来上学也显得很孤独,我经常和他在一起。他在留言中写下"现在,我成了一名编辑,还有一个孩子"的近况以后,还写下"我非常想感谢你"。现在想起来,那时和他在一起,倒并不是因为同情他,而是因为和他聊天很有趣。我特别想知道他在不上学期间做了什么。

当时，对于一个"不想上学派"的我来说，觉得他是一个勇者。为什么这样说呢？因为我没有做到拒绝上学这件事情，虽然我在学校里遇到了数不清的"不合理"的事情。比如，运动会的彩排，要练习很多天，前一天还要进行一场和正式比赛一样的演习。参加社区运动会，也一定要全身投入那场决定胜负的比赛。其实，即便是奥运会那样规模的运动会，肯定也会有彩排，但它不会把所有的选手都召集过来演练。学校的运动会、社区的运动会，却一定要这样做。

我一直在思考，为什么一定要强行进行彩排呢？是为了让家长满意，让老师满意，但肯定不是为了学生。

于是，我决定不去练习了。比起勉强自己去做不喜欢的事情，我更愿意到书店去看书。

在学校里，如果一个人采取了与众不同的行为，就有可能成为被排斥的对象，惹怒老师，被班级同学嫌弃。若是没那么多质疑，保持合群，就不会吃无谓的苦头而与他人相安无事。但是，那时的我做不到。

脱离学校的规则圈，就会渐渐进入拒绝上学的群体，被纳入"不良少年"的行列。

我上的是八王子市的一所高中。那时，还有已经濒临灭绝的"暴车族"(暴走机车族)。其实，我觉得"暴车族"非常土，他们从摩托车、服装、香烟到上下关系、集体骑行的规矩，等等，都做了详细的规定。

如果从学校的规则圈里逃脱出来，却又进入了"暴车族"的规则圈，我觉得实在是没意义。在我看来，那些聚集在便利店、在附近公路上把摩托车大声轰鸣的"暴车族"，不过是在践行自己团体的价值观吧。

尽管我不喜欢学校，但儿子说他喜欢学校，我觉得也挺好的。如果儿子说不喜欢学校，那他也可以不去。如果儿子不上学，我会问他："那么，你想去哪儿？想做什么？"我希望他能找到自己想去的地方，这个地方不一定是学校。能表达自己的想法，说明他不随波逐流，正在形成"自己的规则"。作为父亲，我愿意呵护他这一点。

与欺凌斗争的方法

在燕子窝里也是有欺凌的。四只雏鸟中，有三只联合起来欺负最弱小的雏鸟，这样它们就能获得更多食物，生存机会也会增加。

野猪和鸡也会有欺凌行为，人类在任何时代都会发生战争。在集体中形成等级制度，强者欺凌弱者是动物的本能。如果这是本能，那么欺凌绝对不会消失。

作为一个将失去父亲的孩子，他在学校会不会被欺负呢？有人可能说"不会的"，但现实是，2011年的东日本大地震以后，有人就欺负过从福岛避难出来的孩子们。

有的孩子会失去父母、遭受某种灾难、贫困、成绩不好、身体矮小、内向，等等。在一个集体中，总会有人找到这其中的某个"弱点"来进行打击，而且这背后隐藏着一种"谁强谁弱"的胜负观。欺负弱者，会给自己带来一种优越感，也能降低自己被欺负的风险。

直到现在，还是有人喜欢"自己的责任"这种说法。

在一个社会集体里，对那种领取生活保障费的弱者，以什么"你自己的责任""你给社会增添了负担"等口实进行过分攻击的大有人在，这可能是因为他们自己过得不幸，就对别人也很苛刻吧。

成为弱者，必然有自己的问题，但这其中的原因很多是他们自身无法控制的。

所以，我希望自己的儿子能够拥有一颗温柔的心。未来，我的儿子将带着已经失去父亲的"弱点"生活在这个并不温柔的社会里，因此更需要温柔。

我希望儿子拥有自己的价值观，而不是盲目地随大流。

我周围有趣的人都是个性鲜明的，像是性格博览会。他们比那些随大流的人更加耀眼。

但是，这种个性被指责为"与众不同"，成为遭受欺凌的诱因。虽然人们已经认识到多样性是很重要的，但在日本这样一个要求与他人相同的社会中，接受并共存各种不同的价值观，可能还需要很长的时间。

这么想来,我觉得儿子未来遭受欺负的可能性越来越大。

我推测,学校的老师大概会有所保留地帮忙吧。因为这种事情在老师眼里,就像打地鼠游戏一样,一个解决了,另一个又出现了。对于身负沉重教学任务的老师来说,让遭受欺凌的孩子忍到毕业,是最省事的处理方式。

班上的同学会不会帮忙呢?

我在上高中的时候,也遭受过欺负,被人勒索钱财。对方就像《哆啦A梦》里面那个叫胖虎的淘气大王一样,每天早上我想到他就会胃疼,不愿意去上学。后来直到我初中同学的介入才让"胖虎"的欺凌不得不结束。这不是一个"幸福的结局",也不是一个"温暖的故事"。

介入其中的这位同学,以欺负我为理由,开始勒索"胖虎"。他其实是一个比"胖虎"更坏的小子。

也许,以毒攻毒是最好的方法。但是,我不希望儿子成为坏人。那该怎么办呢?

我想了三个保护儿子免受欺凌的方法:

第一,深深地注入爱。欺凌问题是很复杂的,孩子有可能成为受害者，也有可能成为加害者。我儿子身强力壮，潜在成为加害者的可能性很大。我了解到，实施欺凌的人通常是缺乏爱的人。因此，父母应该通过注入爱来防止孩子成为加害者。

我想尽可能地给儿子爱。此外，妻子和我作为父母，应该成为一个让儿子可以倾诉"我被欺负了"的人。

第二，培养与对方沟通的能力。孩子在不借助大人力量的情况下能够解决问题是最好的。学会沟通，既不花钱，还可以积累宝贵的经验，能够让孩子成长起来。

我认为女性拥有理解对方的"共情能力"，男性拥有解决分歧的"问题解决能力"。如果儿子能同时具备这两种能力，他就不会用"这是你自己的责任"这种冷漠的话去欺负弱者。

话说回来，虽然独自解决是最好的，但在实际操作上是非常困难的。

第三，教会他逃避的方法。如果怎样做都无法解决问题，我希望他在崩溃之前逃跑。知道如何逃避，也很重要。

如果这些方法都不奏效，那么父母应该介入。校园欺凌，也是一种犯罪，有时需要借助警察和司法的力量。不要用什么孩子们可以"握手言和"这种漂亮话来掩盖事实，我不想让自己心爱的孩子成为牺牲品。

有的时候，"不要让父母插手孩子的争斗"是对的。但是，不能把它作为原则去应对所有情况。成年人遇到问题也会去咨询他人或者借助警察和律师的力量，为什么到了孩子的问题上就要他独自面对呢？

法律不是弱者的保护伞，而是懂法人的保护伞。我希望能够教儿子懂得这些，即使他一时不懂，我也希望他在遇到问题的时候可以通过搜索了解相关的法律。

我想这样对儿子说："爸爸没有办法保护你了，你应该学会自己保护自己。"

如何逃离讨厌的人

如果儿子告诉我他身边"有个令人讨厌的孩子",我不会说"你必须和他和睦相处"。

令人讨厌的人总是存在的,强迫自己喜欢是不可能的。所以,我想教给儿子"如何应对讨厌的人",而不是"和所有人都可以友好相处的方法",这或许是对孩子有用的"父母的恶智慧"。

我一向避免与讨厌的人见面,最近更加彻底了。生命有限,我没有时间与讨厌的人在一起。

恐怕不只是在摄影界,很多领域都有那些随着年龄增长而变得更加令人讨厌的人,他们沉浸在"我很厉害"的自我满足中,但实际能力并没有提升。他们的口头禅是"我年轻时……",并把自己认为"正确"的强加给别人,真的令人困惑。他们还喜欢说"我这是为了你",其实只是为了实现他们的自我肯定而已。

也许他们过去做的是对的,但一切都在变化和更新。

就像电器一样,新款总是更好用。如今,见到二十多岁的摄影师时,我会觉得他们"感觉非常好,掌握的新技术也非常好,自己是无法追上的"。

但是,仍然有许多人挥舞着年龄和经验的旗帜,强迫别人效仿自己。这种人最常说的话就是"以前是这样……"。

令人讨厌的人有很多种类型。"不温柔的人",肯定是令人讨厌的人。如果与我在前文中所描述的"温柔的人"相反,那就是令人讨厌的人。

我想告诉儿子,"彻底避开令人讨厌的人"。当令人讨厌的人来委托我工作的时候,我会果断拒绝。如果因此失去了某些机会,我也不在意,因为我相信只要远离了令人讨厌的人,并且努力成为温柔的人,反而会有温柔的人给你带来其他的机会。相反,如果因为工作或人脉关系而勉强与令人讨厌的人交往,他们的价值观会传染给我,我也会变成令人讨厌的人。

在聚会等场合中遇到讨厌的人,我会端起酒杯站起来,假装换座位,然后悄悄离开。杯子会放在出口处。

如果不得不听讨厌的人讲话,我会假装听着,脑子里想别的事。比如盯着眼前的咖啡杯想着"这杯子真白,真光滑,和以前常去的家庭餐厅的一样",用这种方法来逃避现实。不管是什么情况,只要心是自由的,就可以逃出去。

其实,即使是我,也曾经勉强自己与讨厌的人交往。

那段时间非常痛苦。但当我决定"逃离令人讨厌的人",内心就轻松起来,因为我有了自信。当我没有自信的时候,令人讨厌的人的毫无意义的高压话语,会被我当作建议接受。因为我无法判断对方的真正意图。所以,逃离讨厌的人最好的方法是建立自信。

如何发现"温柔的人"

我听一位女性讲述过她"被骗"的故事。她结婚才一年,丈夫在一家不错的公司工作,但是最近因为工作压力太大而辞职了。他想买一辆餐车,自己经营流动咖啡屋。

"这样的生活太不稳定了,我觉得自己被骗了。"这位女性说。

听到这个故事,我感到很心痛。这位女性忽视了伴侣因工作压力而辞职的痛苦,也否定了经营咖啡屋的计划,她只关心自己的生活。

这让我感到庆幸,幸好我没有和这样的人结婚。否则,对方可能会责备我说"因为你是健康的我才与你结婚的,但你实际上有癌症啊,你就是在骗婚"。

无论儿子未来是否结婚,我希望他不要根据条件选择伴侣。可以多交往几个人,从中慢慢地寻找适合自己的人。如果只认识一个人,就没有比较对象,也无法判断对方是否温柔。

我曾经交往过几位女性,回想起来,庆幸没有与她们结婚。当然,每段关系都有其美好和快乐,但没有结婚,说明她们并不适合做我的终身伴侣。

最终我与认识交往后的人中最温柔的人结婚了。我的妻子确实有很多不能胜任的事,但我可以弥补。

患癌后,我发现过去自己理所当然能够做的工作,变得越来越难做了。这个时候,我的妻子就把这些工作都承担了起来。

"作品的资料数据管理,电脑的电源接入方法,不懂的人是做不了的。"虽然我这样想着,但发现只要教给妻子,她都可以做得很好。除此以外,她还可以帮我做许多事情。

身体健康的时候,我低估了妻子的能力。现在这些事我自己从"拿手"变得"不拿手"了,我自己能干的事情因生病变得不能干了。与此同时,我的妻子却在不断地成长。

看来,选择重要伙伴的时候,不是要看他/她能力如何，而是要优先考虑他／她是否温柔。

不局限于结婚对象，我想教给儿子两个识别"温柔的人"的方法：

一个方法是看看对于你的烦恼，他／她是怎样回答的。

对他人的烦恼如何回应，实际上是一个人格测试。对他人的烦恼，完全按照自己的思维方式给予回答的人，最好远离。反过来，把你当作朋友给予接纳，并且在背后支撑你的人，才是"温柔的人"。

另一个方法是看看他／她怎样对待弱者。

在弱者面前显示自己强大的人，对自己弱势的孩子也会强行施压，这些人都是应该远离的。因为他们可能会实施温柔的虐待，一定要小心他们。

这两个方法并不只用来择偶，适用于所有需要交往、选择的人。

停止"想被理解"

亲和母亲应该是儿子认为重要的人。

儿子在父母以外,还会有其他重要的人,比如朋友、恋人和导师。儿子早晚也会有自己的家庭。

我希望他知道,即使是家人,也不能"心照不宣",有需要时必须用自己的话表达感受。

有些是癌症患者必须面对的"事情"。比如,当你患上癌症时,你就会被身边人的言语所折磨。我也不例外,身边人的言语是刺耳的。尽管他们无意,但一些小事还是让我难受。比如我与妻子讨论"如何利用剩下的人生"这个问题时,她一边看电视一边回答我。也许,她害怕面对我生命即将结束的事实。但我心里是不愉快的。我的精神状态不错,同时还在服用止痛药,这样我可能看起来状态也很好。每天见面,她可能会忘记我生病这件事，以我健康时的态度对待我。但我身体状况恶化，心情也低落时，她的行为就会让我生气。妻子就是妻子，因为丈夫突然身患癌症，她必然会积累许多负面情绪。于是，我们就吵了起来，吵完之后我的情绪更低落了。

于是我明确地告诉她："不要再这样说。"直接表达比指望家人察觉更好。

例如，我妻子有个口头禅，那就是："我有一个非常不好的消息要告诉你。"这是她为了让两个人之间的话题热络起来的口头禅。以前，身体健康的时候，我都是抱着轻松的态度听她讲，觉得反正也不可能是什么大事。但现在，以我目前的心态，防备心就很重。所以，每次我都会强烈而直接地告诉她："我希望你不要再说这种话了"。我不想把事情搞得更加复杂，同时担心妻子会因为我的狠话而受到伤害，也不想假定即使我不说，家人也会明白我在想什么。

如果因为害怕尴尬而不告诉妻子，夫妻关系本身就会恶化。

我希望儿子能够用言语清楚地表达自己的想法。这样，作为父母的我和妻子就必须成为能够清晰地用言语表达自己需求的人。

如果父母只能通过暴力的行为和言语来表达自己的感受,那么孩子就会使用相似的方式来表达自己的感受。父母的行为是会产生连锁反应的。

一方面,要尽力教会儿子成为一个可以通过语言进行沟通的人;另一方面,自己心里也要清楚,无论你教给他多少,他都不可能完全理解。

没有人比你更了解你自己,唯一能给你答案的人就是你自己。

唯一能够救你的人也是你自己。

我希望你能够彻底地接受这个事实。

推荐一个人的旅行

20多岁的时候，我买了一辆二手车，只要有了闲暇时间，我就会到日本各地旅行。

虽然可以在这辆车里过夜，但它确实只是一辆价值15万日元的破车。

我经常想出去拍照，也时常想离开我的家。虽然我在家里居住并不难受，但与母亲和姐姐住在一起，说出"哇，我很快乐"，还是有些奇怪的。

我想一个人去旅行，去人迹罕至的山中，去漂浮在外的岛屿，去那些日本的贫困地区。

到了车站，电车就会来；肚子饿了，就在便利店吃一顿。这些在东京不适用的"常规"生活方式，在独旅时却很适用。

即使旅行中的信息早已在脑中了，但亲眼所见时，还是感觉完全不同。我始终坚持一点，对任何事物，仅仅知道是不够的，必须去行动、去体验、去理解。当我一个人在荒无人烟的环境中，比如在山里，哪怕是一只猴子，我都会觉得亲切。即使是一只并不罕见的松鼠，也会让我发出"啊，松鼠"的惊呼！我仿佛置身于群山之中。这让我的感官更加敏锐，让我的感情更加丰富。

持续独旅时，我会自言自语。

虽然最开始会觉得自己是不是疯了，但想想电影中的孤独主角也常常会自言自语。

一个人孤独的时候会与自己对话，说话的对象就是自身。因为一直和自己在一起，便无法忍受自己是一个令人讨厌的人。

从这个意义上说，独旅是与自己同行，是了解自己的宝贵经验。自己到底是什么样的人，这也是一次检验自己的机会。

身患癌症以后，尽管身边有很多人围绕，但我依然感到孤独。面对很快就要到来的死亡，能感受到极度的孤独，但多亏往日独旅积累了经验，我还能够应对这种孤独。所以，我想告诉儿子："旅行是好的。"独旅，面对孤独，是可以积累人生经验的。

与喜欢的女孩一起旅行固然有趣，但那更像是能过夜的约会。比如说到海外旅行，如果是和朋友一起去，无论去南极还是北极，都会像在八王子市的星巴克里聊天一样。那种旅行没有什么意思，也无法体验孤独。

　　我建议儿子进行独旅，在这个过程中不要总是看手机，要敢于面对孤独。每个人都害怕孤独，但孤独是必需的，因为无论何时，陪伴自己到最后的只有自己。

印度摄影师的教诲

我在旅途中拍摄的照片,即使事后反复查看,也无法再现当时的感动。

用感官捕捉风声、气味、温度和湿度时,摄影是一种不完美的工具。摄影只使用五感中的视觉感官,而即使是视觉感官也没有得到充分的利用。人类的周边视野约为180度,摄影能记录的范围更窄。

照片无法传达的东西太多了,因此旅行的经验尤为重要。

然而,很多人拍摄"大家都一样的照片",以为自己就完成了旅行,这实在令人遗憾。环游世界一周的独自旅行,在玻利维亚的乌尤尼盐湖上跳跃拍照,与在迪士尼乐园玩耍并无区别。

我们为何总是被"和大家一样"的诅咒所束缚?

这大概是因为我们在意别人的眼光，缺乏自信吧。我意识到这一点的时候，是一次在印度的旅行中。

那是我第一次出国前往印度，从事一个月的独旅。

对于只了解日本的我来说，看到河岸边躺着的人类尸体，以及野狗从尸体中拖出内脏吃掉的场景，是极大的震撼。

如果在日本，这将成为重大新闻，但对根植于轮回转世观念的印度人来说，死亡并没有那么悲哀。我感到惊讶的是，死亡突然出现在我的日常生活中，出现在我欢笑、吃饭和工作的地方。

印度被称为IT大国，但大多数印度人都很贫穷，他们使用的是破旧的老式电脑和过时的Windows系统，几乎没有人拥有相机。我在那里曾经被欺骗过，接触到不同的价值观，感受到世界的多元化。

但更令我震惊的是，我在一家书店偶然看到的摄影集。它没有拍摄恒河或尸体等典型的印度景象，而是记录了普通的生活，但照片却非常震撼。

比如，当我拍摄某人的照片时，多少会让对方感到紧张，相机在我和被拍摄者之间形成了一种隔阂。

然而，摄影集里的这些照片仿佛是用透明相机拍摄的，看起来就像用肉眼直接观察到的一样，生动而奇特。

这些作品是世界著名的印度摄影师洛古·雷的摄影集。看了他的作品后，我决定"拍摄日本"。年轻的我曾经想过，如果能在日本人没去过的外国拍照，就能轻易地拍摄出优秀的作品。这种想法像在乌尤尼盐湖跳跃一样幼稚可笑。我甚至在印度拍了尸体的照片。印度的照片应该由印度人来拍摄，日本的照片则应该由日本人来拍摄。只有拍摄自己熟悉的东西，才能真正传达给他人。

我在印度拍摄的时候，学到了这些显而易见的东西。是洛古·雷的作品教会了我，摄影并不仅仅是技巧。尽管日本摄影师拥有更高的技术水平、构图更好的照片，但真正优秀的照片其实来源于拍摄者的经历。日本有很多相机发烧友，他们大多不是摄影师，但持有单反相机记录身边事是他们生活的一部分。

但是，"我认为日本的摄影水平其实很低，在那些并非人人都有相机的贫穷国家，人们拍摄的照片反而可能要好得多。在贫困国家和严酷环境中生活的经历，赋予了这些照片生命"。

从那时起，我就开始思考，拍摄"好照片"的意义不在于"让懂的人懂"，也不在于让专业的摄影师接受。

用技巧拍摄的照片无法引起观看者的共鸣。

我还强烈地感觉到，摄影师不仅要拥有专业的技术，还要通过精进各方面的能力从而提高摄影时的自信。日本的新闻摄影师使用闪光灯并不是因为现场光线不足，而是因为大家都在用闪光灯。他们在意上司和周围人的目光。很多人看起来在构图方面执着于"好照片"定义的标准，实际上是因为在意他人的看法。

游客拍摄出来的照片之所以无聊，是因为他们只是在模仿别人拍摄照片。

习惯关注别人的目光，会让自己变得非常狭隘。

我并不希望儿子成为摄影师，但我希望他能明白这一点。不要在意别人的目光，注重积累自己的经验，这样才能够建立自信心。

一个有自信且有趣的人，即使待在家附近，也能发现有趣的事物，拍出有趣的照片。而我现在有一个最好的"有趣事物探测器"，那就是我的儿子。看到蒲公英的绒毛，他会心满意足地吹上好几次；看着蚂蚁搬运食物，他可以看很久。对于孩子来说，去幼儿园的路途本身就是一次旅行。我本打算教给儿子许多东西，但实际上，我从他那里学到了很多。

与有趣对话

　　不久前,我听说一个在神户身患心脏病的男孩想见一见我。他只有 13 岁,医生说他最多只能活到 18 岁。

　　为了能够在他生日这一天见面,我和另一位摄影师斋藤阳道一起去了神户。斋藤阳道和我是同龄人,他获得过许多大奖,但有听力障碍,说话也不流利。他带给这个男孩的生日礼物是一套宇宙图鉴。对于这个生命只有几年,什么时候死去都不会让人感到奇怪的 13 岁的孩子,斋藤阳道大概希望通过他的生日礼物,向孩子传递"世界虽然广阔",但"宇宙更为浩瀚"的想法。

　　这本图鉴展示了各种行星和宇宙,那上面有地球,地球的上面有日本,斋藤阳道可能想通过这些事实改变这个男孩的世界观。

格局很大。斋藤阳道令我感动。他日常作品的格局也是很大的。

我希望我的儿子能够成为像斋藤阳道那样有趣的人。斋藤阳道从小就经历了各种各样与人交流的困难，这使他成了一个有趣的人。

在我看来，有趣的人不仅仅是经历丰富，还应该是不受他人影响、独立思考的人。有趣的人不会在意别人的批评，也不会轻易被别人的意见左右。他们说的话和做的事都很有趣，因为他们知道自己真正想要的是什么。

相反，乏味的人总是在意别人的看法，随波逐流。现在流行什么，别人觉得什么好，他们就跟风。别人说不好，他们就接受。这种人无法发现自己真正的兴趣和乐趣。

为了不让儿子变得乏味，我自己要先成为一个有趣的人。

有趣的人往往还是谈话的高手。

他们不会吹嘘自己，而是会说让对方感兴趣的话题。因此，大家都喜欢听他们讲话。有趣的人在对话时总是在关心对方，不会瞧不起对方。他们的谈话像一棵大树，能够延伸出许多有趣的分枝。他们博学多才，经历丰富，因此我也希望通过做各种事情，通过阅读、音乐和其他艺术形式来充实自己。

学校并不会教你如何成为一个有趣的人或如何进行有趣的对话，但这些能力在生活中却至关重要。我希望自己能教给儿子这些能力。如果想成为有趣的人，就要多接触有趣的人。我会带儿子散步，遇到有趣的人就上前搭话。前几天，我和一位有30年经验的工匠聊起了墙面的抹灰技术，收获颇丰。

父母如果能自然地与有趣的人交谈，孩子也会跟着学。

自信的持有方法

我在深夜里给儿子喂奶,测量水温,支撑着他的脖子,帮助他打嗝。现在他两岁了,已经能自己喝杯子里的麦茶了。

随着儿子的成长,育儿变得越来越轻松和快乐了。儿子会做的事情也越来越多了。

每当儿子学会做新的事情时,我都会赞扬他。比如说,如果他没有把麦茶从杯子里洒出来,我就会表扬他;如果他能自己穿上袜子,我更会为他鼓掌。

我认为,赞扬是培养自信的养分,而自信是非常重要的。

如果没有自信,人们会过分在意他人的目光,无法成为有趣的人。

如果没有自信,人们会失去能量,无法成为温柔的人。

因此，不论儿子取得了多么小的成就，我都会赞扬儿子，让他建立自信。我自己在童年时从未受到过表扬，因而缺乏自我肯定。

那时，几乎没有父母或老师会赞扬孩子，这可能与那个时代的养育方式有关。

因此，我很难找到自己喜欢的事情和想要做的事情。虽然我勉强认为自己作为摄影师算是成功的，但在早期，我常常担心自己会默默无闻地度过一生。

后来，我终于开始有了自我肯定感，不过那是在获得尼康奖之后。

对于我的父母来说，看到儿子出现在杂志或报纸上是一件大事，他们为我感到高兴并给予了表扬。虽然这并没有让我立即建立自信，反而让我觉得有些虚伪，但也满足了我内心的认同需求，从而激发出了我的自我肯定感。虽然得到认可后，我意识到这只不过是一个小小的里程碑，但如果没有得到认可，我甚至无法意识到这一点。此外，如果无法满足自己的认同需求，也就无法赞美他人。

因此，我认为，对于缺乏自我肯定感的人来说，首先应该做一些能满足自己认同需求的事情。

然而，我不会对儿子说"为了建立自信，你要去争取奖项"。因为，获得奖项或出现在媒体上是非常罕见的事。比起大的成功，我更愿意让儿子不断地积累许多小的成功体验，在赞扬中逐渐建立自信。

我认为，成功是微小而平凡的。

我常常在心里进行自我表扬。

比如"今天做得不错"；比如在睡前或独处时，我会表扬自己，只关注那些做得好的事情，忽略失败的事情。现在，我和妻子都会赞扬儿子，但当他长大后，我希望他能学会自我表扬。如果他习惯于被赞扬，当别人赞扬他时，他不会否认或怀疑，而是能坦然接受。

一个人如果能够自我表扬并建立自信，他就会去赞扬他人。我相信，一个拥有自信且有趣的人是会与他人互相欣赏和赞扬的，这样的世界将会是一个幸福的世界。

"只要努力,梦想就会实现",这句话其实是一句谎言。还需要运气,许多时候光靠努力也是无济于事的。如果实在不行,那就要果断地放弃。

即便如此,我还是希望自己的儿子不要在挑战之前就放弃。

关于梦想、工作与金钱,我想教给儿子的事情

梦想、工作与金钱的关系

我喜欢那个被叫作"绘马"的小木板（日本人许愿的工具）。每次看着人们把自己的愿望写在上面，就感到很有趣。好像有一种已经成神的心情。在翻看绘马的背面时，能够看到各种各样的愿望。有祈求考试合格的，有祈求恋爱顺利的，有祈求身体健康的。还有许多"希望成为某某"的愿望。比如说，"希望成为公务员""希望成为医生""特别想成为游戏设计师"等。

看着这些绘马，我会想，"这不是梦想，而是职业选择啊"。无论是宇航员、公务员、博主，还是蛋糕师，这些只不过是职业，只要成为就好了。而我认为，所谓的梦想，应该是在职业之上的东西。

如果梦想是"成为医生，救治很多人"，那么单单希望成为医生就显得不算是梦想了。

有的绘马上写着"希望成为公务员,过上稳定的生活,拿到丰厚的薪水",这看起来像是孩子用稚嫩的字体写下的,但这样的愿望真的能实现"稳定的生活"吗?成为公务员后又想如何生活,这一点根本没有清晰地表达出来。

等儿子长大后,我不希望他在绘马上写下职业,我要告诉他,"职业不是梦想,职业只是实现梦想的工具"。为了获得钱和工作这种工具,我们需要学历和职业,但这只是工具,意义有限。小学时,我在学校被问到"将来的梦想是什么",我会回答"想要幸福"。这个梦想至今未变。

但是,对于成年人来说,这个答案显得很奇怪,老师们对我充满了疑惑。他们甚至担心"这孩子是不是有什么严重的心理问题呀"。

大人们的奇怪反应让我困惑。我是早产儿,发育比较慢,运动和学习都很差,缺乏自我肯定,受到大人的否定后,我会立即失去信心。

"我错了,我一定是哪里不对。"

在这样的想法下,我看着周围朋友的"梦想"都是某种职业。我也开始随波逐流,把职业作为梦想,把

"想要幸福"的真正梦想封存起来。

  但现在我长大了,我觉得错的其实是大家。我希望儿子能理解梦想、工作和金钱的关系,不要因为"大家都是这样"而将职业等同于梦想,成为一个无趣的大人。

拓宽世界与视野

我一直按照自己的意愿生活。

因此,我希望儿子也能按照自己的意愿生活。

他可以不做不喜欢的事,也可以逃避厌恶的事。

但要实现这些,他就需要找到自己喜欢的事情和想要做的事情。

当然,我并不打算威胁他"如果找不到喜欢的事,就得做不喜欢的事"。因为如果没有找到"喜欢的事",也无法判断"不喜欢的事"。

喜欢的事是光,不喜欢的事是影。

要驱散阴影,就需要光。喜欢和想做的事是因人而异的,我绝对不会给儿子建议"做做这个比较好吧",毕竟这些只有他自己才能发现。

我虽然是摄影师,但一开始并没有以成为摄影师为目标。

拍照是我高中毕业后开始的。那时,我父亲因癌症去世,他的遗物中有一台相机,我就顺手拿起来拍照了。我父亲是一名机械师,兴趣是用这台单反相机拍摄雪山风景,那时用的还是胶卷相机。我那时喜欢读书、看电影和思考,但几乎没有主动去做什么,也没有什么具体的行动。因此,我觉得人还是需要找一个爱好。

那时,我开始拍猫、海、天空。这些糟糕的照片,现在我都不好意思看,甚至不敢看。不过,当时我觉得这些照片"还不错",最重要的是,我喜欢摄影。所以,我开始想,如果能靠自己的爱好赚钱,那该有多好。在我十几岁和二十岁出头的时候,我比现在要天真得多,我不明白摄影怎么会与我想要幸福的梦想联系在一起。

然而,摄影确实拓宽了我的世界。

例如,我如果想了解离岛的生活,就会去陌生的地方。在那里,我能学到很多知识。了解新事物本身让我感到无比愉快,而相机是记录这些知识的绝佳工具。

如果不是为了拍照,我可能不会一个人独自开车环游日本,也不会拓展我的活动范围。因为见识了各种事情,认识了很多人,增长了我的知识,拓宽了我的世界。

我认为，明确自己喜欢什么，讨厌什么，是因为我在拓宽固有世界的同时，尝试了摄影这种"可能喜欢的事情"，并最终喜欢上了它。

如果儿子长大后说"我不知道自己喜欢什么"，我会告诉他"不用去想，只用去试"。试过后发现不合适，就换别的来试。即使换了一次又一次，我相信他最终是会找到答案的。摄影只是我个人明确自我的工具，我不打算推荐给儿子。

作为父母，我们希望给儿子一个更加广阔的世界观和价值观。

我希望尽可能多地让儿子见识各种事物。告诉他有各种各样的职业和工作。

我的母亲是一名护士，父母都在工作，但他们并没有给我广阔的世界观和多元的价值观。这不是因为他们是差劲的父母，而是昭和时代（昭和时代是指日本的1926年到1989年）的父母都持有这样的价值观。

父母长我30岁，作为不同时代的父母，我希望以不同的方式为儿子提供帮助。选择有效的工作作为实现梦想的工具是孩子自己的事，但帮孩子增加选择的机会是父母可以做的。

　　这个世界有各种职业，但年轻时接触的机会有限，因此只能从"已知的工作"中选择"看起来适合的事"。如果能够做到，我就会安排那些从事不同工作的朋友和熟人都和儿子见见面。根据自己的状况，会发现有的工作方式容易实现自己的梦想，有的工作方式不容易实现自己的梦想。最好能听听实际工作者的意见，了解公司职员或自由职业者的各自优势。

　　我还认为，为了教会儿子更多东西，我需要不断地扩大自己的世界，认识更多的人。

　　尽管如此，职业终究只是职业，只是追寻梦想的工具。

　　未来日本人的工作方式也会发生变化，我和儿子相差约30岁，我们所处的时代完全不同，价值观也会变。等到儿子长大成人，人类是否还在工作也未可知。

　　因此，我希望他不要为了工作而活，而是要拥有自己的梦想。

"喜欢的工作"陷阱

有了自己喜欢的工作,并不意味着就会梦想成真。

做了喜欢的工作,就认为"以后肯定会成功",那是一个谎言。这不过是一个开始,实际上还可能带来一些风险。我希望我的儿子能明白这一点,因为我和妻子都有过亲身经历。

我把摄影这种"喜欢且想做的事"变成了职业,成了一名摄影师;我的妻子也将"喜欢且想做的事"变成了职业,成为一名幼儿园教师。

保育工作的人手短缺和待遇不佳常被媒体报道,我的妻子就是当中的典型例子。工作极其辛苦,有早班和加班,工资却低得惊人。

即使回到家,她还得为七夕和圣诞节等活动制作小物件，填写家庭与学校的联系笔记等事务工作。这些工作她只能带回家做，因为白天，她要应付哭泣、摔倒和尿床的孩子们，根本无法完成这些工作。

最令我吃惊的是，妻子想在暑假和年末给她负责的每一个孩子写暑期问候信和新年贺卡。"因为我想要倾注心意，"她手写这些信，需要牺牲她的睡眠时间，拼命地写。如果她享受其中还好，但她是以"必须这样做"的责任感在完成这些工作的。

"新年贺卡本是写给见不到面的人，但幼儿园一开学，很快就能见到孩子们了。很多孩子可能都不识字。写新年贺卡如果本身就是目的，那就没什么意义。"

我多次这么说，但妻子却还是坚持写。现在她休育儿假，离开了工作岗位，她开始自我怀疑，"我当时是为了什么而那么努力地工作呢？"

对喜欢的工作一旦全心投入，眼前的工作就会变成全部。

对我来说也是一样，当初作为摄影助理工作时，我把自己的时间都用在了极其辛苦的工作上。虽然可以说因为喜欢才坚持下来的，但回头一想，应该有更高效的工作方式才对。

许多认真的人，即便感到是被剥削或这是一份黑心的工作，甚至感到毫无意义的工作，也会用尽自己的时间和精力去拼搏。对不喜欢的工作尚且如此，得到喜欢且想做的工作，就更容易全身心地投入了。

一旦沉迷其中，就什么都看不见了。即便有人忠告"这里待遇比较差，还是辞掉比较好"，也不会想到逃离的。

然而，时间和健康都是有限的资产。

无论多么喜欢的工作，都不该把自己的一切都投入进去。

我希望儿子不要被"喜欢且想做的工作"所迷惑。

即使是"喜欢的工作"，也希望他能冷静判断这份工作是什么样的，该如何去做。

生计、工作与金钱

职业分为为了挣钱养家的"饭碗"（ricework）和不为钱只为兴趣终身追求的"生活工作"（lifework）。

我碰巧喜欢的事情——摄影，既是"饭碗"也是"生活工作"，但这纯属偶然。

无论如何，做喜欢的事情比做不喜欢的事情要好，但也不必强行将"饭碗"与"生活工作"统一。

因为我认为，"'饭碗'无所谓是什么。"

比如，用摄影工作赚来的1万日元和做道路施工工作赚来的1万日元，是完全相同的1万日元。不管是什么工作，挣来的1万日元的价值是一样的，从这个意义上说，职业没有高低贵贱之分。然而，这个世界上还有一些愚蠢的人，通过职业来排名，我预测将来在儿子成长的时代，这种人可能会依然存在。所以，我想告诉儿子："比较哪个工作更帅气，或哪个工作更低贱，是毫无意义的。"

重要的是，通过工作这个工具进行学习和体验。看看这个工具是否有助于实现自己的梦想。

与钱相关的工作（"饭碗"）工具，可能对实现梦想没什么帮助。而仅仅依靠与钱无关的工作（"生活工作"），也可能实现了梦想。

如果儿子将来分别从事"饭碗"和"生活工作"，我就希望他能够在"饭碗"上尽可能高效地赚钱。尽量少花时间，集齐必要的钱。如果因为"饭碗"而失去与家人共处的时间和从事"生活工作"的时间，那就太悲哀了。

这是我在失败后学到的。摄影是我喜欢的事，但这种"喜欢"也有程度的变化。

拍自己想拍的照片是生活工作，但并非所有工作都是如此。比如拍摄明星就是我不感兴趣的事，这对我来说就是"饭碗"。年轻时做助理的工作，有些是学习，有些则不是。

作为自由职业者，做得越多，挣得越多，但相应的时间也被消耗了。因为钱而失去了时间，心灵受到摧残,甚至与妻子的关系也开始恶化时,我意识到:"为了钱,这样做是不对的。"

从那以后,我决定不要太拼命工作。

我不再把日程排得满满的,也不再想着"多赚一点钱"。

只要有必要的钱就够了。没有钱会很困扰,钱是必需的,但不需要大量积攒。

重要的是,时间和金钱的平衡。

必要的事情与障碍

"饭碗"是为了赚钱，所以到便利店兼职也可以接受。但如果想着"省时高效地赚钱"，赚时薪的工作就不容易达到了。

有人梦想成为歌手，选择"在街头演出，同时在便利店打工"，这是一种把"饭碗"和"生活工作"分开处理的方式，但这种"饭碗"的挣钱效率太低了。不如成为公司职员，按时下班后去唱歌，这是更聪明的选择。

实际上是不会有绝对正确而又唯一的答案的。我只是希望儿子在怀抱梦想的同时，能看清现实，具体问题具体思考。希望他自己好好想过后再做出选择。

我通过自由摄影师这个"饭碗"赚钱，同时摄影也是我的"生活工作"。

幸运的是,我遇到了一个好师父,没让我做太多的杂事。通过接受适当的指导并进行适当的努力,不断地提升技艺,就可以避免去做杂事。这对任何工作来说都是一样的。

即便如此,助理的工作也相当辛苦,压力也很大。于是,我把拍摄作为"生活工作"的作品,用来消化这些积压的情绪。

即使接到不喜欢的赚钱工作("饭碗"),只要同时从事不赚钱的喜欢的工作("生活工作"),就不会感到迷茫。

相反,如果人们过于投入"饭碗",就会忘记"生活工作"。将心灵、身体和时间都奉献给眼前的工作,"梦想变得无所谓"的状况就会成为现实。因此,适度的压力反而是避免沉溺于现实的调味品。

我希望总有那一天,我能够以"生活工作"为中心,实现"幸福"的梦想。

那么,什么是"必要的"?

有哪些"障碍"让它难以实现?

要实现梦想或目标,就必须明确"必要的东西"和"障碍",并着手去解决。

例如，知道"必要的"是人脉，那就去建立人脉。知道"障碍"是钱，就去赚钱。

人们常说"因为没钱，所以做不到"，但我认为最容易获得的就是钱，真正的问题是那些无法用钱解决的事。

对我来说，即便拍出作品，也没有发表的机会，难以让很多人看到。这是有钱也无能为力的事，只能靠自己去奋斗。

具体来说，我大量参加被摄影界称为"鲤鱼跳龙门"的那些比赛。

我的做法是，即使落选了也不放弃，反复投稿。很多人对我说"你不可能做到的"，但我坚持不断地拍摄作品，持续不停地投稿。

我每个月都给尼康设立的奖项投稿，即使我知道数百个参赛作品中，只有前两名能够获奖。到第三名就算是落选了。

这次虽然可能排在第三名。但是，下个月，获奖的前两名就不能再获奖了。

其实，即便是在尼康的奖项中落选了，那还有可能在佳能的奖项中获奖呢。

当然，这与评委的喜好也有关系。有的时候，换个评委就能获奖，这里也有运气的成分。

无论如何，如果只因为一次落选就心灰意冷，那就永远无法抓住运气了。

尽管我落选了许多次，但我从未因此而放弃。

不让自己心灰意冷的方法就是，不管别人怎么说"不可能"，自己都要相信自己的作品。

即便如此，内心也会有动摇的时候。这时，我就会冷静地思考："为什么这个人总说我不可能呢？"然后，我明白了，==他们自己都是没有获得成功的人。半途而废的他们，想通过对年轻人说"你不可能"，来增加放弃的同伴，从而肯定"失败的自己"==。

我不想成为那样的人，更不想加入他们的行列。

当自己想明白这一点后，就能够无视"不可能"的话语了。

几经挑战以后，我获得了尼康的奖项。《日本相机》杂志刊登了我的作品，《周刊文春》的编辑看到后写了文章，此后《朝日新闻》和在摄影界知名的《商业摄影》等多家媒体在短时间内也报道了我的作品。

虽然通过了梦想中的"跳龙门"，但我的生活并没有改变。

不过，我的心态变了。通过设定目标，进行适当努力并达成目标的这个经历，让我感觉自己掌握了接近梦想的基本方法，也生出了自信。

"只要努力，梦想就会实现"，这句话其实是一句谎言。还需要运气，许多时候光靠努力也是无济于事的。如果实在不行，那就要果断地放弃。

即便如此，我还是希望自己的儿子不要在挑战之前就放弃。

每次听到别人说"我想做这个"时，我都会回答："嗯，你一定能做到。"

因为我想帮他们抵抗那些没有根据的"不可能"。既然没有根据，那不如选择自信，而不是放弃。永远对自己的梦想微笑。

无知是罪

不久前,我在拍摄现场遇到一个立志成为摄影师的年轻人。

听到他的故事后,我非常惊讶,他才23岁,却欠下了1000万日元的债务。学费贷款和信用贷款堆积如山。

他家境不佳,靠贷款读完了大学的摄影系,但因为钱不够,只能选择休学一年打工。

"做了什么工作?"问完后,我更惊讶了。

他每天工作12小时,在一家时薪900日元的拉面店打工,那里还不支付加班费。对一个背负债务的人来说,这种打工挣钱的效率太低了,被店家严重地剥削了。然而,他选择这个工作,只是因为"容易找到",并且认为按照店里的规则工作"是理所当然的"。

这个孩子有着复杂的成长经历。不仅没有从父母那里得到足够的爱,还被认定为"社会的麻烦",学生时代还遭受过欺凌。

我觉得很遗憾,因为他是个非常有能力的孩子。如果像我当年那样遇到了好师父,有人能够严格地指导他,他一定会有很大的成长。然而,不幸的是,这很难实现了。因为他已经变成了那种令人讨厌的人,而讨厌的人周围只会聚集讨厌的人。

他心灵的扭曲也反映在他的照片中。

摄影是可以反映摄影者品格的。任何人都能拍照,技术也是可以学到的。因此,作品是否优秀,取决于摄影者的品格。

这可能不仅仅适用于摄影。

"书法是可以展现人品的",一位书法家曾这样对我说过。写作和烹饪也是如此。无论是什么,只要是人的产出,都会反映出那个人的品格。

因此,我希望儿子成为一个品格好的人,不一定要聪明和有能力。

这个 23 岁背负 1000 万日元债务的孩子,对社会充满了不满和怨恨,很难成为一个品格好的人。虽然令人同情，但我认为他并不是 100% 的无辜受害者。

不管环境多么不利，只要有知识和智慧，用自己的头脑思考，总能找到出路。

不，正因为环境不利，更需要积累知识和智慧，用自己的头脑思考，自己奋斗。否则，社会将"榨干"你的一切。

"草食系""肉食系"，是现在社会上流行的词语。

你不需要吃掉别人，但也不能被人吃掉，甚至骨头都被啃干净。尤其不能成为被"草食动物"吃掉的"草"。

踏入社会后，很多人会试图利用你。所以，我希望儿子知道如何保护自己。虽然我不在了，他仍然能够不断地变得强大。

必须拥有知识。

必须独立思考。

在如今信息唾手可得的时代里，无论家庭环境如何，在日本获得知识都是可能的。我甚至认为，无知是一种罪过。

18 岁拥有 100 万日元

我决定在儿子 18 岁的时候，给他 100 万日元。这个数字并没有特别的意义，按照当时的物价，相当于 3 个月的公务员工资，我会一次性地给他，并让他在暑假或固定的一段时间内自由支配。

在年轻时拥有时间和金钱，他就会采取一些行动，从而更容易找到自己想做的事情。从儿子出生时，我就开始为此存钱。

儿子可以用这 100 万日元做任何事情，但因为我自己在旅途中收获很多，所以我希望他能够把钱用在旅行上。但这不是让他和朋友一起去夏威夷，也不是乘坐旅游巴士在导游的带领下游览欧洲景点，而是必须进行一次独旅。

从购买机票到住宿的安排，一切都要自己搞定。经历一些愚蠢的错误，并处理各种突发情况，这都会成为宝贵的人生经验。在日本生活，能够看到的只有日本，价值观也很容易局限于日本。游览多国，了解世界的广阔之后，那些小的烦恼就会变得微不足道了。

即使不出国也无所谓。日本也有一些不是旅游景点的离岛，这些地方的景致可能会超出想象。我自己想要背着背包去南极，在没有手机信号的地方露营，让自己沉浸在孤独中。虽然我喜欢孤独，但我也喜欢和各种各样的人交流，所以以后我还会去不同的国家旅行。

一个人的价值观是随着自己的行动和经验而拓宽的。我希望儿子未来能多行动，多体验，不断地拓宽自己的价值观。

虽然看电影、看漫画、读书、玩手机游戏也是一种行动，但能称得上体验并积累经验的，还是旅行和恋爱。恋爱的时候，即使有一亿日元，也产生不了什么作用。但有很多经验是可以用钱换来的，在这一点上，作为父亲，我愿意提供帮助。打工挣钱以后再去采取行动，效率太低了。所以，我决定先给儿子 100 万日元。

年轻时候积累的经验，对之后的生活能够产生很大的影响，而青春的时光是非常短暂的。

说到这里，有人可能会误解我来自一个经济优裕的家庭。事实完全相反。高中时为了赚一点钱，我把整个暑假都浪费在无聊的打工上。这些经验根本就没有拓宽我的价值观。我不想让儿子再次重复那些在我的生活中已经证明是"太过低效"的事情。

比起花一个夏天赚10万日元，我更希望他能用父母给的100万日元去体验各种事情，这样时间和金钱都能更好地被利用。如果到儿子40岁的时候，我才给他100万日元，这些钱可能很快就成为他的生活费，或在小小的奢侈生活中消失。在儿子18岁的时候给他这笔钱，价值就会翻倍。

40岁的一个月和18岁的一个月相比，18岁时的一个月更有价值。"年轻时可以做很多事情"，确实是这样的。年轻时各种失败会被宽容，长大以后，试错时间就会减少了。

然而，我曾天真地认为体力和健康会永远持续，忽略了它们会消失，所以我把宝贵的青春浪费在通宵工作上。我希望儿子能够早点儿了解这一点，不要在打工中廉价出售宝贵的时间。知道时间和青春是有限的，才能真正理解它们的价值。

癌症晚期患者经常说"如果只剩一年的生命，我想做这个做那个"，但等真正剩下一年时，身体已经虚弱得无法行动了。周围的人也会说"尽量治疗，多活一天是一天"，试图把你绑在病床上。

所以，我想对儿子反复强调：在能够做事情的时候就去做想做的事情，不论何种情况，都要去做想做的事情。虽然有人说"年轻时要买苦吃"，但我认为这是卖苦的人编的广告语。为什么要在年轻时花钱买负担呢？

比起让儿子买苦，我更愿意给他钱，让他自己体验各种事情，并让他充分体验失败。给了他100万日元以后，无论发生什么事我都不会插手，出现了失败，也要让他自己解决。

这样的话，他在年轻时就体会到了"失败也能挽回，被宽容"，他将成长为不惧挑战的成年人。相反，如果只是让他买苦，却不给他机会体验和失败，他将成为一个畏缩不前的成年人。我相信，与其让他在暑假打工时犯小错，不如让他在自由支配金钱和时间时，在他独自行动时"犯大错"，这样会让他变得更加坚强。

金钱的教育

身患癌症以后，我首先想到的是"必须给孩子留下一笔钱"。但有一瞬间，我又改变了自己的想法，觉得"留下钱也是没用的"。

仔细想一想，对于肚子饥饿的人来说，比起给他一条鱼，更为重要的是教给他们学会钓鱼。同样的道理，比起给孩子留下一笔钱，更为重要的是教给孩子自己赚钱的方法。我希望儿子成为一个不被金钱束缚的人。当然，这需要有一定的金钱作为基础。

人如果饿到极致，除了想吃饭别的什么都不会想。人对金钱也是如此，如果陷入极度的贫困，就无法考虑其他事情了。即使没有严重的金钱困扰，但如果用长时间的工作来赚取微薄的薪水，时间和体力都会消耗殆尽，也会导致无法思考其他事情。这样的工作大多是简单重复的劳动，不仅不能帮助我们实现梦想，恐怕连技能都无法提升。

一个人，如果每天筋疲力尽地工作，剩下的私人时间都用来玩手机游戏，那他的人生就是既没有进口，也没有出口了，会逐渐地忘记自己的"生活工作"。这样利用时间，不可能幸福。而令人悲哀的是，一些人还会认为"没有钱就无法幸福"，从而陷入恶性循环。

我的一位通过炒股成为亿万富翁的朋友曾说，"钱是不能带来幸福的"。我认为这是真理，只有同时有了钱和时间，选择的余地才会大幅增加。比如，有了钱的话，可以做出"这份工作虽然酬劳低下，但我还是愿意做这份工作"的决定。摆脱了金钱的束缚，人的自由度就会增加。

我 23 岁开始进入摄影行业，很快就意识到"钱是必需的"。但是，从事摄影的酬劳并不高，赚钱也很不容易。与朝九晚五上班的公司职员不同，自由职业者只要是工作量增加，钱也就会赚得越多。但是，我不喜欢长时间的工作，也不能容忍没有休息日。因为我还有另外一个作为"生活工作"的事情，那就是狩猎。在狩猎季节的三个月里，我希望能够完全休假，即使靠摄影的收入为零也无所谓。于是，我开始投资。起初，我用工作赚来的少量资金来炒股和炒外汇。

恰好在那个时候，我结识了一位炒股票的富翁，他告诉我要学会"让钱生钱"。于是，我的观念彻底改变，把所有的资产都视为投资，包括人寿保险。我因此学习如何运用资金，并逐渐开始投资。

金钱在社会上是绝对必要的，但学校却偏偏不向孩子们教授如何运用金钱。因此，我认为，教给孩子关于金钱的知识是每一位父母的责任。

我对金钱没有什么执着，如果不用于消费，也不用于投资，金钱就毫无意义。在没有利息的情况下，把金钱存在银行或者无目的的积攒，都是毫无意义的。

我妻子对金钱也不执着。但是，她是在经济相对优裕的家庭中成长起来的，结婚之后都不知道怎样使用取款机。现在，她虽然已经会使用了，但她处理金钱的方式仍然是很落后。比如，她坚信"有了一定金额后就要存定期存款"，"存好后的定期存款就不能再动了"。这种对金钱的管理方法实在是差劲。因此，我想早点对儿子进行这方面的教育。虽然我不知道自己还能活多久，但希望只要儿子到了可以对话的年龄，比如上幼儿园的时候就开始教他。

首先，在零花钱方面，我对他实施"固定再加奖励"的办法。比如，我每个月固定给他500日元的零花钱，如果他做了家务，就再额外地给他100日元的奖励。通过这种计件制的方式，让他不断地增加做家务的事情，也因此了解社会的运作。我希望他在用零花钱购买东西的时候，也能够考虑"我是否先进行一笔投资后再购买东西"。

例如，在婚礼的伴手礼目录中，我总是选择圆珠笔。虽然也有包或其他物品等，但目录中的包大多是标价3000日元的商品，并不是什么值得长期使用的好包。但3000日元的圆珠笔相对来说就比较高级了，而且还可以随时送人。虽然这只是小事，但等儿子到了可以和爸爸对话的年龄，我会教他类似的事情。这个世上有"便宜的3000日元"和"贵的3000日元"。

孩子上了小学高年级以后，压岁钱就会变得多了起来。这个时候，父母不应该把孩子的压岁钱保存起来，而是应该教给他如何投资。和儿子一起看电视的时候，我会说："今天美国发生了这样的事件，所以1美元等于多少日元。日经平均股价上涨的原因是什么呢？"经常聊这些，孩子就能理解自己的压岁钱与世界的联系了。

儿子如果提出自己的想法，我会代他炒股或者购买外汇。让他体验一下，压岁钱的 10 万日元存入银行，利息只有 1 日元，而投资股票可能变成 20 万日元。当然，如果失败了，也有可能就变成 100 日元。

孩子升入中学以后，就可以让他自己决定把每月零花钱的一部分是否用于投资。现在有一个未成年人的免税投资制度"Junior NISA"，等儿子长大，类似的制度可能会更多，孩子们的投资也会变得更加普遍。

投资不仅关系到自己的收益，以金钱为"入口"还可以了解许多未知的事物，这也是非常有趣的。我希望儿子能体会到这种乐趣。

金钱是信用

当我提到等儿子 18 岁时就给他 100 万日元或者让孩子进行投资时，曾遇到这样的回应：

"如果是单亲妈妈抚养，没有能给孩子 100 万日元的。"

"如果一个孩子生活在社会养护机构里面，他怎么可能去学习投资呢？"

确实，对于这样境遇下的家庭，可能会很难。即使父母双全并且两人都有工作的家庭，也未必能有如此余力。我能够给儿子 100 万日元，是因为我已经早早为此开始存钱了，并且在结婚时和妻子一起买了具有投资性质的人寿保险。

人寿保险的基本原理是，如果长寿，领取的金额相对较少，但如果早逝，则回报率非常高。生死定数另当别论，但人寿保险还是相当划算的投资。

抛开这些事情不谈，我认为，把"没钱"作为无法做某事的借口，是没有说服力的。赚钱确实很难，但在现今社会，集资并不难。

正如我之前提到的，我和摄影师斋藤阳道等人一起去了神户，探望一名心脏病的男孩。我原本并不知道，我们同行的一位朋友尝试通过众筹来募集交通费用。

4个人的众筹目标是8万日元。因为只是几个成年人一起去神户，所以筹款进展得并不顺利。于是，朋友说"幡野，你不能在社交媒体上呼吁一下吗？"我还真的在社交媒体上写了有关这个患病男孩的故事，以及我们希望在那里做什么事情，并请求大家支持我们。

结果，我们一下子筹集到了30万日元。很多人因超过上限而无法继续捐款，他们就发来信息让我们提供银行账户信息。这说明人们信任幡野，认为如果是"幡野"这个人，就会合理地使用这笔资金。这也是一种信用。

正如西野亮广所说，"金钱是靠信用来筹集的"。我也深深感受到了这一点。"我没有钱，但我想做这件事"，通过众筹可以筹集到资金，即便是孩子也能做到。

只要有信用,钱是可以随时筹集到的。信用卡的英文 credit 就是"信用"的意思,住房贷款也是因为有信用才会贷到款。

如果因为想要钱而从他人手中夺取,那么你就不会被信任。

因此,我希望儿子能成为一个值得信赖的人。

为了能够获得信任,首先要做到不说谎。除了不做显而易见的诈骗行为以外,不说违背自己本心的话也是非常重要的。

此外,诚实和善良也是不可或缺的品质。

每个人都只能在自己所处的环境中生存。即便家庭贫困,但只要有独立思考的能力,我相信就能够找到出路。我不希望儿子持有"因为没有钱,我就做不了某事"的想法。

同样,我也不希望他有"因为没有父亲了,所以做不了某事"的想法。

我希望他能够拥有这样的思维——"即使没钱、没有父亲,我也能够做好某事的"。

工作、爱好 ≠ 自己

　　身患癌症以后，我明白了一个道理："工作这种东西，很快就会失去的。"

　　在住院期间和出院以后，我采访了许多因为患病而失去工作的患者。这其中有一位甚至被公司要求自行辞职。他年龄接近 70 岁，一生都在为工作而活。所以，这对他来说无疑是一个巨大的打击。

　　那个时代的人，往往把工作作为自己的身份认同。他因为热衷工作而忽视了家庭，导致离婚。因此没有家人能够帮助他，所以他一直住在公司提供的宿舍里，他一直担心"现在治疗费用已经很高了，下个月可能就支付不起房租了"。

　　这不仅仅是别人的故事。对于身患癌症的我来说，几乎所有的工作都停滞了。摄影是一份需要体力的工作，没有人愿意雇佣一个病重的摄影师。大家当然更愿意找一个健康且能够全力以赴的摄影师。

不仅仅是工作，爱好和"生活工作"也要面对患病这件事。比如，我的"生活工作"之一是狩猎，但我从未真的融入那些"狩猎就是一切"的人群中。

当你只有一个爱好时，它就会成为你的身份认同。为了维护自己的身份认同，人们会攻击别人，拉低他人。

"你怎么可能懂狩猎？我才是最厉害的。"他们会以此为借口，竭力保护自己。

这种情况在摄影界也存在，我对这种现象十分反感。

无论是摄影还是狩猎，如果你只把它们当成自己的整个世界，生活就会变得很麻烦。所以，我希望儿子不要被工作或爱好束缚。

我的爱好很广泛，希望儿子也能如此。可能我很容易对某些事情热衷起来，但也容易失去兴趣。我认为这种状态也是不错的。

虽然我写过那么多关于梦想、工作和金钱的内容，但选择权在儿子那里，而不在我这边。我唯一的责任是教会他这个社会是有各种选择存在的。

在摄影师的世界里，有一些"因为父母在做，所以我也做"的二世子弟，但我对儿子选择同样的职业没有任何期待。我希望儿子看到爸爸是因为喜欢摄影才选择了这份工作的，所以"我也要选择自己喜欢做的事情。"

我希望儿子能够模仿我，"选择自己喜欢的事情"。

坦率而言，工作终究只是工作。"工作≠自己"，只是一个实现梦想的工具。

最终，当失去某些东西时，唯一剩下的可能就是家人。比起将工作作为身份的认同工具，我希望儿子能将家人作为自己身份的认同。因为无论工作与否，健康与否，家人都会在。

父亲去世后,男孩们常常会被要求照顾母亲。

但我不会对他说「照顾妈妈就靠你了」。

我会对妻子说「请照顾好优」,但只要儿子能照顾好自己,我就满足了。

要求孩子照顾父母对孩子来说是很艰难的,尤其是在没有父亲的情况下,我不想给他太多负担。

关于生与死，总有一天想和儿子谈的话题

病是镜子

因为父亲是因癌症去世的,所以我早就认为自己终究会患上癌症。但是,我在34岁就被确诊癌症,感觉还是为时太早了。

当转移的癌细胞侵蚀了我的脊椎,压迫了神经,下半身出现了轻微麻痹。剧烈的疼痛让我甚至考虑过自杀,几乎整夜无法入睡,也无法平躺时,我难以保持平常心。

因为身体状况不佳,我把车停在超市的残障人士停车位。虽然我还能开车,但走路需要拄拐杖了。

从外表上看,健康的我根本不像是癌症晚期患者,无法让人理解我在忍受剧痛。我能感受到有些只把残障人士想象为残疾或步履蹒跚的老人,对我投来的"健康人占用残障人士停车位"的愤怒目光。

有一次，我看到残障人士停车位被放置了锥形筒。这可能是为了防止有些健康人士乱停车，但这给真正需要停车位的残障人士造成了不便。我把车子停在停车场中央，下车后拄着拐杖移开锥形筒，才把车停好。还好，我还有体力，但如果我的身体状况更糟糕呢？如果我是使用轮椅的残障人士或力气不足的老人呢？无论是身体上的还是心理上的痛苦，那都是看不见的。从这个角度说，人们常常是缺乏同情心的。我希望儿子未来能够成为一个可以感受对方需求、善良的人。

虽然我一直感觉到生活的不公，但在患病后，我更加深刻地体会到了这一点。疾病就像一面镜子，映照出许多事情。

在我公开患癌之后，许多人也显露出他们的真实面目。有些人给出了比速食咖喱还要简单的建议，用"温柔的虐待"让我感到痛苦；有些人只是给出表面上的同情；也有些人提供了有用的信息，或者讲了有趣的事，给了我新的挑战。

疾病也像一面镜子，让我看清自己是怎样的人。当死亡摆在面前，人的态度会反映出他们的生命本质。我重新确认了自己关于幸福的梦想，并且更加深入地思考了生与死的问题。

生是什么？死是什么？

由于媒体的关注，我有机会接触到一些宗教人士和医生。我在药物的帮助下控制疼痛，积极与他们会面并倾听他们的见解。

关于生与死，因为不懂，所以我才更想知道。

主治医生有着治疗患者的角色定位，又要考虑维护医院声誉，如果仅是医患关系，对方是很难讲出真心话的。我就诊的诊所医生就是这样，只做我的"听众"。但是，因采访工作而结识的毫无利害关系的医生却给了我某种程度上令人满意的回答。比如，在患者面前，医生绝对会说"不能自杀，不能安乐死"，但若作为朋友讲掏心的话，那又完全不同了。

我在学校并不擅长学习，但我从小就喜欢探索未知的事物。与其说是从学校学习，不如说是通过阅读书籍和向有经验的人请教挖掘自己的兴趣，这有点像是采访。

通过这种方式积累的知识，会浮现出一些共通点。无论是关于育儿还是工作的问题，当我把这些知识拼凑在一起时，发现"啊，这样解决问题的话，两方面的问题都能得到解决"。探索无解的问题，并找到答案，这是无比快乐的。

也许我是在利用疾病来享受独自思考的乐趣。

关于生与死，我想把我所发现的留给儿子。这不是绝对的答案，而是父亲通过"采访"得出的见解。我认为一旦停止思考就意味着结束，所以我会一直思考到死。不断吸收新事物的能量，答案也会不断变化。即使只看了一部电影，也可能会影响到我的答案，所以我会不断修正，不断更新答案，直到生命的尽头。

因此，这不是绝对的答案。

我希望儿子能够培养思考的能力，找到自己的答案。思考是很重要的，但方法很简单。信息可以通过智能手机随时获取，首先根据这些信息进行思考。接着，通过各种体验，倾听不同的声音，再次思考。如果有了自己的答案，再次思考并修正答案。这看似烦琐，但实际上非常有趣，我认为这就是生活的意义。

我希望儿子在某一天思考生与死的时候，看到我写下的这些内容，并成为他思考的素材。

生命的经验

当我在社交媒体上公开自己得了癌症后,有人留言说那是"自作自受"。他们认为我因为狩猎动物并食用它们而得了癌症。无论是否进行狩猎,我们的生命都是建立在动物生命之上的。即使是素食主义者,他们所食用的蔬菜也来自于通过设陷阱捕杀野生动物的农田。

"用电网或网络来保护农田不就好了?"

"农田被破坏是因为人类夺走了动物的栖息地吧?"

网上也有这种观点,但我认为这些只是那些不愿付出时间和金钱的人的想法。被野生动物骚扰的山区,人们肯定想驱除害兽,农民也要保护自身的生计。此外,我们不仅仅依靠食物来生存,为了物流和便利,我们修建高速公路、建设水坝,这些都在夺走动物的栖息地。

从这个角度来看，即使是书籍和智能手机，也间接地建立在生命之上。有些素食主义者和极少数的纯素者，仅仅因为不吃肉或鱼而相信自己是"无杀生而活着"的，甚至会把在超市买肉或吃肉的人称为"杀人犯"。这是一种自以为是的心态，没有想到那些看不见的破坏，也没有更深入思考。

如果真的厌恶夺取生命，那就应该停止自己的生命。

在我20多岁开始狩猎时，我对生与死很感兴趣。当时我因《海上遗迹》获得"尼康Juna 21"奖，为了拍摄这部作品，我花了5年时间持续记录被抛弃在海上的建筑物，从某种程度上可以说我在记录建筑物的死亡。而我与枪支的初次接触，也是因为开始学习竞技射击以提高拍摄时的专注力。

虽然有人建议我去参加世界级比赛，但我很快就转向了狩猎。我对竞技本身可能并不感兴趣。我对生与死的兴趣使我开始独自狩猎，虽然这可能看起来很突然。尽管我本来可以通过参加猎人讲座或"动物解体与品尝会"等更和平的方式来了解狩猎，甚至可以请教专家并与团队一起学习狩猎，但我认为这样不能成为自己的经验。

我想亲身了解捕杀并食用生命是什么样的感觉，而不是让别人去做。这可能是因为这样做能让我思考建立在他者生命之上的自我存在感是什么样的。我想让儿子早早知道他每天吃的香肠和香菇是如何摆上餐桌的。

我的第一个猎物是一只兔子。在独自上山后的第九天我还没有任何收获，第十天突然跑出来一只灰色的兔子。当时的感觉是"啊，竟然真的成功了"。我亲手杀死了一只可爱的兔子，心里很震撼。因为没想到会成功，所以没有带解体工具和袋子，只能用装杂物的背包把它带回家。抱起它时，死去的兔子的毛柔软而温暖。

然而，由于动物死后肌肉会放松，全身变得非常柔软。所以将这只拉长的兔子勉强塞进背包带回家后，它变成了背包的形状，像冷冻金枪鱼般僵硬。尸僵真的是如此坚硬，这让我大开眼界。第一次狩猎经历中的每一件事情都让我感到惊讶。

在第一次狩猎成功后，接下来就越来越顺利。我逐渐掌握了接近动物、瞄准和射击的技巧。动物被枪击中后，并不会立刻倒地死亡，它们会发出叫声，挣扎，有时还会反击。有些动物甚至会拖着受伤的腿逃跑一公里，这时需要追上去再次射击，这个过程是相当残忍的。

这种建立在生命之上的生命，在夺取其他动物生命的瞬间会感到情绪高涨。

这也是一种"生存的实感"，必须亲身体验才能明白。

狩猎让我得到的是对生与死的真实体验和思考。

"谢谢您的款待"

作为摄影师,我拍摄了 5 年的狩猎现场。用血迹斑斑的手握住相机,按下无数次快门。回顾照片,第 1 年的照片里充满迷茫和困惑,第 5 年的照片里则透出某种锐利的感觉。

狩猎并不是一种愉快的爱好,辛苦得来的肉并不美味。狩猎让我获得的,是对生与死的思考和作品。

世上有许多人,尽管每天吃肉,却认为:"杀动物太残忍!兔子和鹿太可怜了!"这种心态非常奇怪。一些素食主义者和动物保护者,虽然没有像说"得癌症是自作自受"的人那样极端,但也对狩猎进行了各种批评。女性可能普遍不太喜欢这样的主题。尽管存在这些隐忧,但我的摄影展"谢谢您的款待"延长了原定展期,达到了一个月零八天。尽管收费，观众人数也达到了 2215 人。

阅读写在杯垫上的感想时，我感觉到自己想传达的东西已经传达出去了，心里非常高兴。现在的网络已经成了一个社会，当有人在网络上猛烈攻击时，容易让人觉得这就是全部。然而，即使在网络上没有任何发言的人，也会亲自到场，支付费用观看作品，并留下自己的话语。

这些杯垫，也一定会成为儿子的护身符。父亲做过的事，还是有人理解的。

几年前，我在狩猎时差点在山中走失。经验、知识和体力的不足导致了那次身临险境。我体力逐渐耗尽，太阳逐渐西沉，我焦急地想着必须下山。当时，我只想着妻子，不断地在心里道歉。

为了减轻负担，我决定丢弃不需要的物品。毫不犹豫地丢掉的第一件物品就是相机。重要的是照片而不是相机。下山途中，我遇到了一只鹿。此刻已经饥寒交迫的我虽然没有携带肉的余力，但我还是射杀了它，身体得到补给的同时，也使我那快要崩溃的心灵重新振作起来，最终安全下山。

毫不犹豫地丢掉相机和鹿的生命至今让我难以忘怀。

当我被诊断出癌症，想到自杀时，首先要处理的是枪支。那曾经维系我生命的枪支，现在却成了累赘。我处理了枪支，放弃了狩猎。现在，拍摄儿子的相机成了我思考生命的助手。

如何与癌症患者相处

发现肿瘤的那年 11 月,我曾经考虑过自杀。

睡觉、躺下、抬腿,这些以前理所当然能做到的事情,现在却因为剧痛完全无法做到。仿佛一下子变老了,身体变得不像自己的了。

12 月底,当我在博客上公开自己患癌的消息后,我遭遇了"温柔的虐待"。

所谓的替代疗法、饮食疗法、宗教劝诱等假疗法纷至沓来。

但"为了孩子和妻子,请试试这种疗法。别担心,一定会治愈的。"这种明显是骗人的疗法,却真的动摇了我的心。这种"温柔的虐待"巧妙地钻进了我内心的脆弱之处,差点让我中招。

多年未联系的熟人打来慰问电话,总是伴随着廉价的鼓励和他们自己的身世故事。

我一直认为任何事情都需要亲身经历才能理解，而成为癌症患者后，我才知道，癌症患者会因除了癌症之外的事情而痛苦。

虽然有"抗癌"这个词，但癌症不仅仅是与癌细胞的斗争。你还需要与希望成为你盟友的朋友和亲属，以及本应与你步调一致的家人和医护人员斗争。

在日本，每两个人中就有一个人会身患癌症，因此，健康的那个人必须承担护理的责任。换句话说，在日本，与癌症无关的生活几乎是不可能的，除非你非常幸运或孤独且健康。

然而，许多人不知道如何与癌症患者相处，也不知道自己得了癌症该怎么办。我的儿子已经面对了父亲的癌症，但即使在我死后，他可能还会遇到与癌症患者相处的机会。希望他在那时候可以读这本书，找到如何与癌症患者相处的提示。

住院接受放射治疗后，我的腿部力量有了显著恢复。本应继续接受化疗，但我决定采访各种人：癌症患者及其家属、癌症幸存者及其遗属、医护人员、患有罕见病、精神疾病或发育障碍的人、霸凌受害者及加害者、隐居者、决定自杀的人、杀人犯，等等。

我遇到了很多健康但不知道如何与癌症患者相处的人。由于我不成熟，听对方讲述时，数次流泪。我非常庆幸自己没有自杀，否则我就无法听到这些故事。

在森林里与想自杀的人喝咖啡

20多岁时,我曾思考"人为什么会自杀",并多次前往青木原森林。

森林里有各种垃圾,很容易分辨是游客留下的还是自杀者的遗物。自杀者的遗物通常集中在方圆三平方米范围内,他们似乎在那里度过了一夜。

脱下的衣服、鞋子、玩偶、酒瓶、电话卡、书籍。我坐在那里,思考着"为什么选择在这里死去"。

在青木原的森林里,我曾遇到过一个准备自杀的中年男子。我穿着登山服,而那位大约50岁的男人穿着西装和皮鞋,他看到我表现出恐惧。可能是因为我带着一把大的登山刀吧。

"都要去死了,却害怕被杀,真是有趣。"我记得自己这样感叹。

"我既不打算阻止你自杀,也不打算杀你。能听你说说话吗?"

男子回答道:"可以,只要你不追问。"

我用露营装备煮了速溶咖啡,与男人聊了约 20 分钟。我们坐在长满柔软苔藓的凹凸不平的岩石地面上,感觉像坐在豪华沙发上般舒适。

男子自杀的原因是金钱和疾病。

当时我轻率地认为"生病了,尽管去治疗就好嘛",但自己得了癌症后,我才明白了当时那个男人的心情。

我问他为什么选择在森林自杀,他回答:"没有别的地方可去了。"

"如果在电车上自杀,会导致赔偿;如果在家里自杀,也会给家人带来麻烦。"

我没有深入问,也没有拍照。

不久后,这个男人站起身,拍掉西装裤上的尘土。那种在人生最后一刻仍在乎仪表的举动,至今令我印象深刻。

他说了句"你要加油",便走向森林深处,而我则在天黑前离开了森林。

我不否定自杀,甚至包括安乐死在内,死亡是绝望者的选择。既然那个人承受着巨大的痛苦,决定死去,如果你不能对他的人生负责,那么你就没有权利去阻止。而且,任何人都不可能对他人的人生负责,即便是在夫妻关系或亲子关系中。

但如果问题能被解决而不必死去,那么最好是尽力解决问题。这需要思考能力和金钱,因此我希望儿子能具备这些能力。

那么,如果遇到无法用金钱解决的问题,想要死去,该怎么办?

死亡存在于日常生活中。我经历过迷失,感受过死亡,患癌时考虑过自杀,但我仍然不知道如何解决死亡问题。

尽管我还不明白人生的意义,但我能感受到活着的价值。

越南与生命的光辉

面对死亡的我现在需要的不是枪,而是相机。自从被诊断为癌症后,我每天都在拍摄儿子的照片。随心所欲地拍摄我喜欢的题材,这让我感到充实。

面对死亡,真正重要的东西变得清晰起来。

讽刺的是,正是面对死亡才让我更能感受到生命的真实感。

儿子已经两岁了,自我意识开始萌芽。他吃饭吃得好时,我和妻子会夸奖他,他会笑得很开心。陌生人对他说"好可爱"时,他也会笑着回应。他喜欢电车,和我一样怕狗。

两岁是所谓的"反抗期",不顺心时,他会因为还不会表达,大发脾气,把勺子扔出去。这些日常的点滴,都是活着的证明,生命的光亮。

这让我想起在越南旅行时的感受。

越南是一个快速发展的国家，但仍然很贫穷。普通工厂工人的月薪是300美元，低收入者是150美元。我请的翻译说她的工资每月约为400美元。

尽管如此，他们依然充满了生气和活力。虽然没进行深入的交谈，但感觉他们比日本人快乐得多，也更友善。当我举起相机，拍下无数张笑脸时，我突然想说："即使得了癌症，也没什么大不了。人终有一死。"

在温暖潮湿的空气中，我真实地感受到"比起如何死去，如何活着更为重要"。

对孩子毫无保留地表达爱意，我们是否显得过于矜持？在越南，我感觉到了这一点。不仅仅是越南人，巴西人最看重的也是"家庭"，即家族。

如果孩子被欺负了，父母、兄弟姐妹、叔叔阿姨，全家一起来解决问题。无论是旅行、聚餐还是派对，家庭成员始终在一起。

相比之下，日本人考虑得太多，逐渐将生活单位变成了自己一个人。孤独虽然重要且必要，但如果成为父母，还是应该毫无保留地珍视家庭。

不必去过分信任学校，不要和不喜欢的人交朋友。

即使孩子成绩不好，有挑食的习惯，这都远好于失去他们。

我经常思考"养育孩子的目标到底是什么"，但我认为最大的目的就是确保孩子健康平安地活着。

今天，儿子依然活着，我能为他拍下照片。

儿子的生命光辉也照亮着我的生命。

幸福的定义

在我确诊癌症的那个冬天,我妻子92岁的祖父住院了。

祖父的生活意义一直是干农活,所以妻子怀孕的消息也是在农活的间隙告诉他的。得知曾孙即将出生的消息时,祖父显出非常幸福的表情。

当儿子出生时,祖父已经不再做农活了。

因为家人劝他,这个年纪再做农活已经很危险了。

年轻时充满活力的祖父在失去生活意义后,迅速衰老,最终住院了。对于祖父来说,死在田地里或许才是幸福吧。

当我和妻子带着儿子去探望祖父时,祖父一见到我就流泪了:"幡野,你还好吗?我很担心你。"

尽管没有人告诉祖父我的情况,但他显然已经做好了面对死亡的准备。准备好面对死亡的人，会更多地担心留在世上的人。

我知道祖父已经做好了准备。

我对耳背的祖父大声说："我也快去了，到那边见吧！"护士和其他人都用异样的眼光看着我。

我其实并不相信有来世，但我这么说只是希望能稍微减轻祖父的担忧。这其实是一个谎言，若是同样的谎言，我应该说："放心，我的癌症看起来快好了。"

无论如何，这个谎言都会让我后悔，而遗属是无法逃避这种后悔的。

众所周知，化疗是很痛苦的，甚至有人嘲讽其为"增癌剂"。人们认为"癌症会让人痛苦地死去"，医生往往会为了那1%的希望而施加勉强的化疗。对于无法治愈的晚期患者，使用化疗让他们受苦是没有必要的。

"坚持下去，多活一分钟也是好的。"很多人这样鼓励我，但我思考着，在化疗的副作用下受苦，无法和儿子玩耍，不能和妻子交谈，需要人帮忙处理排泄问题，依靠机器维持生命，这样的生活有什么意义呢？

进行或不进行治疗的决定，不是医生或亲属，而是患者自己最后的权利。

尽管如此，人们那些"希望你长寿"的愿望还是充满善意的，如果妻子或儿子生病，我可能也会有同样的想法。

但深究这种想法，会发现其最终落脚点在于"我不想感到悲伤"。因为自己不想感到悲伤，所以不希望他们死去。这并不是为患者着想，实际上是自私的表现。

"希望你长寿"并不一定是温柔的表达。因此我希望儿子在将来面对至亲的疾病时，不要轻易说"长命百岁"，而是要考虑对方的幸福定义。

面对与生命相关的事情，任何人都会变得不冷静，但我希望儿子牢记这两点：

对那个人来说，什么是幸福？
仅仅活得更长久就是幸福吗？

如前所述，从小我的梦想就是成为幸福的人。
我认为幸福是"无忧无虑地实现自己的愿望"。
幸福的定义因人而异，这是我的观点。
例如，有人认为吸引异性是幸福，那么吸引到异性就会让他感到幸福。

有人认为获得金钱是幸福,那么有钱就会让他感到幸福。

如果有人对这样的人说,"幡野已经结婚了,不会再吸引异性了,所以不幸福"或者"你不是富有的人,不能称之为幸福",这真是多此一举。

"希望你长寿"这种随意的话与之类似。

自从小时候被狗咬后,我就讨厌并害怕狗,而我无理由地喜欢猫。

然而,如果有人强迫我喜欢那只摇着尾巴的小狗,并说"你其实不喜欢猫,承认吧",这种感觉也类似。

拥有孩子不是幸福,结婚不是幸福,有稳定的工作也不是幸福。我愿意告诉儿子:幸福是什么,完全可以由自己决定。

虽然我有时身体状况不佳,但入睡前不再感到不安。

我比以往更加积极地在网络上发声,遇到了很多人,积累了许多见识,这让我很开心。

知道了自己以前不知道的事情,能够经历新的体验,遇见有趣的人,这些都让我感到快乐。

我儿子能做他以前不能做的事情,这也让我非常开心。

儿子能自己荡秋千，这让我感到高兴。

尽管我在后面扶着他的背，害怕他摔下来受伤，但当他叫我坐在旁边时，我感到心跳加速，这种感觉也让我很开心。

在他两岁生日那天，他吹灭了插在蛋糕上的蜡烛，他的脸上露出开心的笑容，我和妻子也都很高兴。

去年我替他吹灭蜡烛，但明年他可能一次性吹灭所有蜡烛。虽然只是小小的进步，但这是最让我感到高兴的。

因此，我是幸福的。

疾病和育儿的麻烦事降低了幸福的门槛。

能不疼痛地入睡是幸福，这在健康的时候是想不到的。

孩子能自己穿上袜子是幸福，这是没有孩子时无法想象的。因此，我是幸福的。我的人生梦想已经实现。

我并没有逃避"因癌症而死"的宿命。我理解并接受了我会因癌症而死。虽然觉得有些太早了，但即使面对死亡，我仍然感到幸福。

因为我喜欢了解未知，所以我对死亡充满期待。

我儿子还有 16 年零 7 个月才能够高中毕业，还有 13 年零 7 个月才能够初中毕业，还有 10 年零 7 个月才能够小学毕业，还有 4 年零 7 个月才能够幼儿园毕业。

我能看着他成长到什么时候呢？

我充满好奇心，强烈渴望了解未知。

与其说我舍不得自己的生命，不如说我希望能和儿子一起经历未来的事。我还想了解社会的变化。

但这不是理所当然的，没有人能永生。连德川家康也无法了解今天的日本。

了解未知是活着的人的特权。

只要我活着，我就会了解新的事物。

以父为傲

我儿子穿着我绝对不会穿的衣服。

那些衣服设计得杂乱无章,那些衣服甚至有一些时尚父母避之不及的卡通图案。

我觉得这样很好,不需要时尚父母挑选的时髦服装。孩子应该穿他们想穿的衣服。

那些土气的衣服、发型、物品,傻气的游戏和幼稚的烦恼,甚至青涩的主张,这些都是成长的一部分。

我的儿子很可能会早早失去父亲,这会让他经历很多困难。

我写书、在网络上发声、拍照,都是希望成为他引以为傲的父亲。

人只能在既定的条件下生活,所以我儿子必须接受"父亲早逝"这一负面条件。

但我也想留下一些积极的条件，让他在我死后仍能感到"我的父亲很了不起"。

因此，只要我还活着，我会尽我所能。

父亲去世后，男孩们常常会被要求照顾母亲。

但我不会对他说"照顾妈妈就靠你了"。

我会对妻子说"请照顾好优"，但只要儿子能照顾好自己，我就满足了。

要求孩子照顾父母对孩子来说是很艰难的，尤其是在没有父亲的情况下，我不想给他太多负担。

我希望妻子和儿子都能独立，不是依靠对方，而是携手前行。

无论我多么努力成为儿子的骄傲，我也希望他有一天能超越我。

父母也是第一次过人生，第一次养育孩子，不可能不犯错误。人类终其一生都不会完全成熟，何况我才35岁，还很不成熟。

所以，这本书，我甚至希望儿子没有需要，也不用翻开。

但希望儿子记住，"无论你选择什么，父亲都会接受你的答案，永远支持你。"

结束语

　　写这篇结束语时，我意识到自己正在努力成为我小时候希望在孩子身边的大人。

　　无论是父母、亲戚、老师还是邻居，小时候的我并不觉得自己受到周围大人的关爱。

　　小时候，我觉得大人们都很讨厌。

　　但长大后进入社会，我发现无论在哪里，总会有令人讨厌的人。

　　令人讨厌的人会把自己讨厌的事情强加给别人，报复社会。

　　令人讨厌的人会制造新的令人讨厌的人。

　　我不想成为令人讨厌的大人，每次遇到恶意，我都会把它当作反面教材。

　　对认为长寿是幸福的人来说，我可能是个不幸的人。

幸福的定义因人而异。

当一个人看到与自己幸福观念不一致的人时,往往会认为那个人不幸。例如,一个认为赚钱是幸福的人,看到没有收入的流浪汉,可能会觉得他很不幸。

但对流浪汉来说,也许自由才是幸福,他反而会觉得为了赚钱而每天工作到很晚的人很不幸。

我没想到自己会在34岁时得癌症,更没想到会因为得癌症而出版一本书。

虽然我无法再接拍摄的工作,但我有时间开始写作了。

我可以吃喜欢的食物,和喜欢的人玩,做喜欢的事情,没有对明天的忧虑。

曾有一段时间我痛苦到考虑自杀,但现在我正度过人生中最平静、最幸福的时光。

人生无常,前方可能是黑暗,也可能是光明。

如果问我得癌症是否很不幸,我并不觉得自己不幸。

被认为不幸、拿儿子作比较、被同情的目光注视,这才是让我感到最痛苦和悲伤的。而那些讨厌的人总是试图用同情的目光看你。

这种悲伤是如果没有得癌症，我可能永远不会意识到的，这是病痛教会我的。

也许令人讨厌的人也是一种"癌症"。

通过把一切都当作反面教材，我似乎积累了更多养育孩子所需的温柔。

尽管我的人生中有很多不愉快，但我并不希望儿子经历这些。

我也不想为他铺好路，提供唯一答案。

我希望自己能成为儿子生命中那盏模糊的灯塔。

虽然在光明的时候看不见，但在黑暗的海上，当他感到不安时，这盏灯会带来安心。

或许，我并不是儿子小时候期望的那种父亲。

但当他感到困难或不安时，希望他能想起父亲的话。

或许，这些话能成为他内心的支柱。希望有一天，儿子也能成为他所珍视的人的光。

2018 年 8 月 8 日
幡野广志

译者后记

说实话,在扮演"译者"与沉浸为"读者"之间,我更倾向于后者,静静品味这本书的深邃与温情。

当文字缓缓收拢,如一幅画卷慢慢卷起,我深刻感受到,作为译者的笔触,即使从"信"跨越到"达",再至"雅",或许也只能捕捉到这位父亲向儿子倾诉情感的片段。那些言外之意,未尽之言,如同广袤的天空、深邃的海洋,蕴藏着无尽的情感与智慧。那隐约可见、温柔而又坚强的内心,如同深海中的珍珠,散发着柔和而坚定的光芒。再说一句实话,我是眼噙着泪水,完成了这本书的翻译工作。正因为此,也就有一些"译感"想说一说。

其一,是负"重"前行的坚韧与深沉。海德格尔的

"向死而生",如同一道深邃的钟声,在耳边回响。本书的作者幡野广志是位智者,他清醒地面对死亡,为儿子打开了一扇窗,让他看到生命的无限可能与希望。他的文字,如同中国作家史铁生在《我与地坛》中所写的,疾病也是生命的一种度量,让人变得厚重而深沉。

其二,是对生命之"大贵"的珍视与感悟。生命,自无烦恼中难以寻觅其真谛,而当面对死亡、告别当下的烦恼时,又难以承受人生中最沉重的负担。在本书作者幡野广志的笔下,我看到的是他对生命的珍视与感悟。他毫不掩饰自己作为人夫、人父的烦恼,并将这份烦恼转化为对家人深深的爱与关怀。他的文字,如同摄影师的镜头,捕捉到生命延续的伟大与美丽。

其三,"灯塔"的模糊之美与父子关系的恰到好处。父母是孩子的第一任老师,这句话在本书作者幡野广志的心中分量极重。他希望成为儿子生命中那盏模糊的灯塔,既照亮孩子的前行之路,又保持适当的距离,让孩子自由成长。他的教育方式独特而富有个性,既避免了全权代办,又让孩子在自由中学会独立与自主。

其四,是用自己的方式和世界相处的智慧与勇气。本书作者幡野广志与儿子的对话广泛而深入,他希望告诉儿子世界的真实面貌和与世界相处的方式。他强调孤独的价值，认为孤独不仅是一种风景，更是一味良药，能解开自己，也解开世界。他渴望孩子拥有幸福的陪伴，但也学会享受孤独，从孤独中汲取力量与智慧。

其五，是对幸福的定义与传递的温情与哲理。本书作者幡野广志在文中提到自己感受到了幸福，并希望将这种幸福传递给儿子。他明白幸福的定义因人而异，会随着孩子的成长而改变。他给予孩子幸福感，同时又保护着他寻找和解释幸福的权利。

幡野广志的这封"信"，没有华丽的辞藻，却如一股清泉，深深滋润着我的心田。他的文字平实而深沉，却蕴含着无尽的情感与智慧。世间万物，哪有什么高深与奥妙？比起娓娓道来的讲述，幡野广志"拉家常"式的叙说更直击人心。相信各位中国读者开卷有益，合卷之后遥望远方，会看到一位温柔且有力的父亲，正伴着星空与夜光，与爱笑的儿子在低声细语。这份温情与智慧，将永远留在我们的心中。